Jeder Tag ein neuer Anfang

Jeder Tag ein neuer Anfang

Herausgegeben von
Alfred Müller-Felsenburg

Bechtermünz

Genehmigte Lizenzausgabe
für Weltbild Verlag GmbH, Augsburg

Umschlaggestaltung: DYADEsign, Düsseldorf
Gesamtherstellung: Wiener Verlag, Himberg bei Wien
Printed in Austria
ISBN 3-8289-4854-5

2003 2002 2001 2000

Die letzte Jahreszahl gibt
die aktuelle Lizenzausgabe an

Januar

Jenner bin ich genannt
Trincken und essen ist mir bekannt:
In disem monat ist nit gut
Von dem Menschen lassen das plut

Ich glaube an Gott,
den Vater,
den Allmächtigen,
den Schöpfer des Himmels und der Erde …
Apostolisches Glaubensbekenntnis

Ich schäme mich des Evangeliums nicht. Es ist ja eine Gotteskraft zur Rettung für jeden, der glaubt ... In ihm wird offenbart die Rechtfertigung durch Gott aus dem Glauben für den Glauben. Denn es steht geschrieben: »Der Gerechte lebt aus dem Glauben.«

Römer 1, 16–17

So oft die Sonne aufersteht,
Erneuert sich mein Hoffen,
Und bleibet, bis sie untergeht,
Wie eine Blume offen;
Dann schlummert es ermattet
Im dunklen Schlummer ein,
Doch eilig wacht es wieder auf
Mit ihrem ersten Schein.

Das ist die Kraft, die nimmer stirbt
Und immer wieder streitet,
Das gute Blut, das nie verdirbt,
Geheimnisvoll verbreitet!
Solang noch Morgenwinde
Voran der Sonne wehn,
Wird nie der Freiheit Fechterschar
In Nacht und Schlaf vergehn.

Gottfried Keller

Wer Werke vollbringt, dem wird der Lohn nicht aus Gnade, sondern nach Verdienst angerechnet. Wer dagegen keine Werke aufzuweisen hat, wohl aber an den glaubt, der den Sünder rechtfertigt, dem wird sein Glaube als Rechtfertigung angerechnet nach dem Ratschluß der Gnade Gottes.

Römer 4, 5

Gott schuf das All; Gott schuf die Zeit
und bleibt doch Herr der Ewigkeit.

Er wollte, daß die Sonnen glüh'n,
daß Pflanzen, Tiere, Menschen blüh'n.

Er hat uns seine Kraft geschenkt,
daß wir uns müh'n, frei, ungelenkt.

Dem Wahren soll'n wir stets vertrau'n;
nur so läßt Neues sich erbau'n.

Doch hinter uns der Schöpfer steht;
und wenn einst unser Sein vergeht,

hält er uns fest in seiner Hand.
Das ist ganz wahr! Das hat Bestand.

Aus unsrer kurzen Erdenzeit
geh'n wir in seine Herrlichkeit!

Alfred Müller-Felsenburg

Durch den Glauben gerechtfertigt, haben wir Frieden mit Gott durch unsern Herrn Jesus Christus. Durch ihn haben wir kraft des Glaubens Zutritt zu dem Gnadenstand erhalten, in dem wir uns befinden.

Römer 5, 1–2

Gott hat uns seine Welt
aus seiner Hand
in unsre Hand
in Liebe übergeben.
Habt acht auf Gottes Welt,
daß ich mit dir
und du mit mir
in Frieden dürfen leben.

Gott hat uns seine Welt
aus seiner Hand
in unsre Hand
in Liebe übergeben.
Habt acht auf Gottes Welt,
daß Mensch und Tier,
daß alle hier
in Frieden überleben.

Rolf Krenzer

Der Zweifel ernährt den Glauben, der Glaube den Zweifel.

Reinhold Schneider

Denn mit dem Herzen glaubt man; und das führt zur Rechtfertigung; mit dem Mund bekennt man; und das führt zum Heile.

Römer 10, 10–11

Was Glaube für den Menschen bedeutet, kann man nur sichtbar machen an Menschen, die diese Haltung konsequent zu Ende gelebt haben.

Joseph Ratzinger

Ein Gottesleugner wurde einmal von einem Freunde zu einem erlesenen Gastmahl eingeladen. Die Speisen waren so vorzüglich, daß der Atheist dankbar meinte: „Laß doch den Koch herbeiholen, lieber Freund. Ich möchte ihm sagen, wie ausgezeichnet seine Kunst ist."
„Koch?" tat der Freund erstaunt. „Es gibt weit und breit keinen solchen!"
„Willst du mir weismachen, die Mahlzeit habe sich selbst zubereitet!" zürnte der Eingeladene.
Da lächelte der Gastgeber verschmitzt und erwiderte: „Lieber Freund, ich ahme nur dein tägliches Beispiel nach. Du siehst die Welt und was darinnen lebt und wirkt; aber du bestreitest energisch, daß wir allesamt Geschöpfe Gottes sind. Du schaust sein Werk und sagst, das Universum wäre eine Suppe, die ohne Koch entstanden sei."
Es wird berichtet, daß der Gast von Stund an seine Ansicht änderte.

Alfred Müller-Felsenburg

Niemand, der an ihn glaubt, wird zuschanden werden. Jeder, der den Namen des Herrn anruft, wird gerettet werden.

Römer 10, 11 und 13

Ohne Gott bin ich ein Fisch am Strand,
Ohne Gott ein Tropfen in der Glut,
Ohne Gott bin ich ein Gras im Sand
Und ein Vogel, dessen Schwinge ruht.
Wenn mich Gott bei meinem Namen ruft,
Bin ich Wasser, Feuer, Erde, Luft.

Jochen Klepper

Wenn ich deinen Himmel schaue, das Werk deiner Hände, den Mond und die Sterne, die du befestigt hast:
Was ist dann der Mensch, daß du seiner gedenkst, das Menschenkind, daß du seiner dich annimmst?
Nur wenig geringer als einen Gott hast du ihn gemacht, mit Glanz und Herrlichkeit ihn gekrönt.
Du gabst ihm Herrschaft über die Werke deiner Hände, alles legtest du ihm zu Füßen.

Psalm 8, 4–7

Dich, Gott und Vater suchen wir
und fragen in der Welt nach dir.
Wer zeigt uns, Herr, dein Angesicht?
Wer hört, wo deine Stimme spricht?
Laß uns erkennen und verstehn,
wo wir dich in der Nähe sehen.

Herr, deine Stimme hören wir,
dein Antlitz ist auch sichtbar hier;
denn wo der Mensch in seinem Leid
uns ruft, Herr, bist auch du nicht weit.
Du willst ein Gott für Menschen sein,
dich in ihr Elend schließen ein.

Du, Gott und Vater, bist uns nah,
du bist für alle Menschen da.
Wer dich nur will für sich allein,
wird nicht in deiner Nähe sein.
Du bist der Herr, der Menschen dient
und alle in der Welt versöhnt.

Konrad Sandmeyer

Es gibt zuwenig Glauben, weil es zuviel Egoismus und Habgier gibt. Echter Glaube muß großherzig sein.

Mutter Teresa

Du hingegen stehst fest um des Glaubens willen. Sei darob nicht hochmütig, sondern fürchte dich!

Römer 11, 20

„Mann geworden, lege ich ab, was Kinderart ist" (1 Kor 13, 11). Das müßte über dem Glauben aller Erwachsenen stehen. Zwar gilt immer, daß man sich von Gott wie ein Kind beschenken lassen muß; aber wir haben kein Recht, unseren Glauben verantwortungslos wie eine überkommene Währung von Spielmarken im harten Geschäft des Lebens auszugeben.
Der Glaube des Erwachsenen muß eigene, bewußte und erkämpfte Überzeugung sein ... Erwachsener Glaube stellt sich aus innerer Überzeugung allen andrängenden Fragen der Welt, des Denkens, der Moral. Wo Glaube erwachsen ist, wird Selbstgenügsamkeit überschritten, wer erwachsen glaubt, muß eingreifen in seine Umwelt, muß antreten gegen Lüge, Irrtum, Ungerechtigkeit, Unterdrückung und Not ...

Karl Stelzer

In Sternennächten trug er einen Regenschirm. Ihn ängstigte der Gedanke an den Kosmos.

Stanislaw Jerzy Lec

Wer immer mich vor den Menschen bekennt, den werde auch ich bekennen vor meinem Vater im Himmel. Wer mich aber vor den Menschen verleugnet, den werde auch ich verleugnen vor meinem Vater im Himmel.

Matthäus 10, 32–33

In einer Gesellschaft erging sich ein Intellektueller in heftigen Ausfällen gegen Christentum und Kirche und brüstete sich lang und laut seines Unglaubens. Da wandte sich ein Herr an den Atheisten und sagte: „Ob Sie an Gott glauben oder nicht, das ist nicht so wichtig. Viel wichtiger ist eine andere Frage."
„Nämlich?"
„Ob Gott an Sie glaubt."

Gisbert Kranz

Das Kennzeichen des Christen ist der christliche Glaube und das christliche Leben. Beide, Glauben und Leben, gehören – wie Wissen und Wirken – zueinander. Der christliche Glaube ist die Voraussetzung des christlichen Lebens, und das christliche Leben ist die Frucht und Vollendung des Glaubens.

Josef Pieper/Heinz Raskop

Alles, um was ihr vertrauensvoll im Gebete bittet, werdet ihr erhalten.

Matthäus 21, 22

Herr, Gott, ich bin bereit, von dir geschaffen zu sein. Aus deiner Freiheit will ich bestehen. Aus deiner Hand will ich mich selbst empfangen. So, wie du mich gewollt hast, will ich sein. Die Möglichkeiten, die ich in mir fühle, und die Grenzen, die mich beschränken; was mir versagt ist und was auferlegt – alles das bejahe ich, weil du es so gewollt hast.

Romano Guardini

Nichts verwirre dich,
nichts erschrecke dich,
alles geht vorüber.
Gott ändert sich nicht.
Die Geduld erreicht alles.
Wer Gott besitzt, dem mangelt nichts.
Gott allein genügt.

Teresa von Avila

Was das Können betrifft, so ist dem alles möglich, der Glauben hat. Ich glaube, Herr, hilf meinem Unglauben.

Markus 9, 23 und 24

Ich glaube an Gott und daran,
daß er mir die Chance gibt zu leben.
Ich glaube an Jesus und daran,
daß er mein Bruder ist.
Ich glaube an Gottes Geist und daran,
daß er ein Licht in mir entzündet.
Die Bosheit, mit der ich mich täglich herumschlage,
hört einmal auf.
Das ist der Anfang meines neuen Himmels
und meiner neuen Erde.
Ich hoffe und glaube,
daß wir Menschen Freunde werden,
daß Zorn und Niedertracht in uns sich lösen.
In allen Sprachbüchern werden einmal die Worte
Egoismus, Unmenschlichkeit, Haß, Tod
gestrichen sein.
Und dann sind nur noch
Fröhlichkeit und *Leben.*
Unzählige Tautropfen –
wie Diamanten
auf morgendlichen Wiesen!

Alfred Müller-Felsenburg

Wer glaubt und sich taufen läßt, wird gerettet werden ... In meinem Namen werden sie Teufel austreiben, in neuen Sprachen reden, Schlangen aufheben ... Kranken werden sie die Hände auflegen; und sie werden gesund werden.

Markus 16, 16–19

Ich sorge mich um nichts anderes, als Tag für Tag den Willen des Herrn zu tun.

Papst Johannes XXIII.

Als der Bescht bestraft wurde, weil er versucht hatte, die Erlösung zu beschleunigen, vergaß er sein Lehramt; und seine ganzen Fähigkeiten wurden ihm genommen. „Sprich ein Gebet“, flehte ihn sein Diener an. – „Welches?“ fragte der Bescht, „ich habe alle vergessen. Und du?“ – „Ich auch“, sagte der Diener, „ich erinnere mich lediglich an das Alphabet ...“ Und der Bescht rief: „Aber was wartest du dann? Sag mir das Alphabet; und ich will es nach dir wiederholen.“ Und er sagte die Buchstaben des Alphabets mit solcher Inbrunst auf, daß ihm sein Wissen und seine Fähigkeiten wiedergegeben wurden.

Jüdische Weisheit

Dein Glaube hat dich gerettet. Geh hin im Frieden!

Lukas 7, 50

Mit den tiefsten Geheimnissen des christlichen Glaubens ist es ähnlich wie mit der Sonne. Hineinschauen kann man nicht; aber in ihrem Licht sehen wir alles andere.

Gilbert Keith Chesterton

Immerfort empfange ich mich aus deiner Hand. Das ist meine Wahrheit und meine Freude. Immerfort blickt mich dein Auge an, und ich lebe aus deinem Blick, du mein Schöpfer und mein Heil. Lehre mich, in der Stille deiner Gegenwart das Geheimnis zu verstehen, daß ich bin durch dich und vor dir und für dich. Amen.

Charles de Condren

Man soll nicht glauben, der Welt nützen zu können, indem man ihre Gedanken, ihren Geschmack, ihre Verhaltensweisen übernimmt – sondern indem man sie studiert, sie liebt, ihr dient.

Paul VI. in seinem Testament

Betet, daß ihr nicht in Versuchung fallet!

Lukas 22, 40

Worauf sollen wir hören, sag uns, worauf?
So viele Geräusche, welches ist wichtig?
So viele Beweise, welcher ist richtig?
So viele Reden! Ein Wort ist wahr.

Wohin sollen wir gehen, sag uns, wohin?
So viele Termine, welcher ist wichtig?
So viele Parolen, welche ist richtig?
So viele Straßen! Ein Weg ist wahr.

Wofür sollen wir leben, sag uns, wofür?
So viele Gedanken, welcher ist wichtig?
So viele Programme, welches ist richtig?
So viele Fragen! Die Liebe zählt.

Lothar Zenetti

Die Zeit, Gott zu suchen, ist das Leben!

Franz von Sales

Wie könnt ihr zum Glauben kommen, da ihr voneinander geehrt sein wollt, aber nicht die Ehre von dem einen Gott sucht? Glaubt nicht, daß ich euer Ankläger beim Vater sein werde ... Wenn ihr Moses glaubtet, würdet ihr auch mir glauben ... Wenn ihr aber seinen Schriften nicht glaubt, wie werdet ihr meinen Worten glauben?

Johannes 5, 44–47

O Gott, den man verkennt,
o Gott, den alles kündet,
o höre du das letzte Wort,
das aus mir mündet.
Ich suchte doch den Weg zu dir,
wenn ich verirrte,
erfüllt von dir war schon das Herz,
das sich verwirrte.
Ich sehe ohne Ängste schon,
den ew'gen Schimmer,
ich glaube nicht, daß Gott,
der mich der Erde schenkte,
daß Gott,
der meinen Tag mit seiner Güte tränkte,
mich, wenn ich ausgelöscht bin,
strafen will für immer.

François Marie de Voltaire

Herr, zu wem sollen wir gehen? Du hast Worte des ewigen Lebens. Wir glauben und wissen, daß du der Heilige Gottes bist.

Johannes 6, 68–69

Gott, du bist es, an den ich glaube, du bist es, dem ich glaube. Du hast zu uns gesprochen durch deinen Sohn. Seine frohe Botschaft will ich annehmen. Die Kirche verbürgt sie mir auch in unserer Zeit. Du sprichst zu mir auch durch Menschen, die mir begegnen, und durch Ereignisse, die mir widerfahren. Hilf mir, dich in allem zu finden und immer mehr aus dem Glauben zu leben.

Gotteslob

Wie leicht könnte man sich auf das, was man geschafft hat, etwas einbilden und würde sich damit „höher" als andere einschätzen. Aber letzten Endes kommt es darauf an, daß man das Geschenk annimmt, Gottes Kind zu sein.

Max Grundig

Wer an mich glaubt, aus dessen Herzen werden, wie die Schrift sagt, Ströme lebendigen Wassers fließen.

Johannes 7, 38

Glaube ist der Vogel,
welcher singt,
wenn die Nacht
noch dunkel ist.

Aus Indien

Wenn du des Morgens erwachst –
Erwartung im Herzen
und Heiterkeit im Gemüt –
singt dir der Zeisig sein Lied,
das schönste, das Gott ihm gegeben …
Pflanze drum
Büsche der Hoffnung
in das Erdreich des Glaubens,
und umhege den Garten
mit Hecken der Zuversicht,
und die Winde der Zukunft
werden Gast sein
bei dir …!

Peter Coryllis

Mensch, glaube dies gewiß:
wo du nicht lebst in Gott,
lebst du gleich tausend Jahr,
du bist so lange tot.

Angelus Silesius

Sei den Gläubigen ein Vorbild in Wort und Wandel, in der Liebe, im Glauben und in der Reinheit ... Widme dich der Vorlesung, der Ermahnung und Belehrung. Laß die Gnadengabe in dir nicht brach liegen.

1 Timotheus 6, 12–14

Du, der du durch das Licht der Natur in uns die Sehnsucht nach dem Licht der Gnade entzündet hast, um uns emporzuheben nach dem Licht deiner Herrlichkeit, Dank dir, Schöpfer und Herr, daß du Freude mir gewährtest an deinen Werken! Siehe, ich habe das Werk meines Lebens vollbracht mit dem Geistesvermögen, das du mir geschenkt hast. Ich habe der Menschheit die Glorie deiner Werke verkündet, soweit als mein Verstand deren übermenschliche Majestät zu begreifen fähig war. Lobe Gott, meine Seele, solange ich lebe!

Erasmus von Rotterdam

Es führen alle
Wege
auf eine Straße zu,
fremd irdischem Gehege, –
und wer sie geht –
bist du.

Hermann Multhaupt

Als ein Beispiel rechter Predigt halte fest, was du von mir gehört hast, im Glauben und in der Liebe, die ihren Grund in Christus Jesus haben.

2 Timotheus 1, 13

Ein frommer Christ beklagte sich bei Gott über die Schwätzer in seiner Kirche: „Herr, sie gehen hin und erzählen lauter Märchen über Dich!"
Gott, der Unsichtbare, antwortete: „Ja, es ist ein Kreuz mit diesen Leuten. Aber bin ich deshalb ein Märchen?"
„Nein, natürlich nicht", stellte der Ankläger fest, „und ich brauche auch keine Märchen, um an Dich zu glauben."
„Nun gut, warum schiltst du dann die anderen? Gehe hin und erzähle ihnen, was du von mir weißt. Sie werden es dir danken."
„Ich glaube nicht, daß sie auf mich hören", meinte der Christ.
„So lerne glauben, und dann komm wieder", schloß Gott, der Unsichtbare.

Friedrich Schwanecke

„Sie haben sicher viele berühmte Theologen predigen hören", sagt der Dekan der Universität Cambridge zu seinem Küster, als dieser sein fünfzigjähriges Amtsjubiläum begeht.
„Ja", sagt der, „und Gott hat mir die Gnade erwiesen, daß ich noch immer an ihn glauben kann."

Wir wandeln ja noch im Glauben, noch nicht im Schauen. – Doch wir sind voll Zuversicht.

2 Korinther 5, 7–8

Ein Tag
Morgen und Abend;
alle Lust und alles Leid
liegen dazwischen.

Hans K. Wehren

Und ein Gott ist, ein heilger Wille lebt,
Wie auch der menschliche wanke;
Hoch über der Zeit und dem Raume webt
Lebendig der höchste Gedanke;
Und ob alles in ewigem Wechsel kreist,
Es beharret im Wechsel ein ruhiger Geist.

Friedrich von Schiller

Wir haben denselben Glaubensgeist, von dem geschrieben steht: „Ich glaube, darum rede ich." Auch wir glauben; und darum reden wir auch.

2 Korinther 4, 13–14

Wehe dem Hirten, der schweigt, während er sieht, daß Gott beleidigt wird und die Seelen zugrunde gehen.

Jean-Marie Vianney, Pfarrer von Ars

Mein Vater, der mich nährt und schützt:
Ich weiß so wenig, was mir nützt,
daß ich fast nichts zu bitten wage.
Ich halte mich allein an dich,
du Herr und Lenker meiner Tage.
Nur diese Wahrheit seh' ich ein.
Gib mir die Kraft,
stets gut zu sein,
so bin ich überall geborgen.
Das andere kommt,
so wie mir's frommt,
dafür wirst du, mein Vater, sorgen.

Johann Gottfried Seume

Denn durch den Glauben seid ihr alle in Christus Jesus Kinder Gottes.

Galater 3, 26–27

Kinder haben's leicht. Sie haben den „lieben Gott". Er ist ihnen so vertraut wie der eigene Vater oder der beste Freund. Sie können sich Gott gut vorstellen: Er wohnt im Himmel, er paßt auf die Menschen auf; er belohnt die Guten und bestraft die Bösen.
Wer erwachsen wird, erfährt eines Tages, daß solche Vorstellungen über Gott nicht mehr genügen. Gott rückt in weite Ferne und wird immer unbegreiflicher. Mancher verliert Gott ganz aus den Augen.

Aus dem Religionsbuch „Herausforderungen"

Zwischen Erde und Himmel
Der Erde schweres Blut in dunklen Adern.
Vom Himmel Flammengeist und große Schwingen.
Dazwischen Heimatlosigkeit und Hadern.
Und zwiefach in und über mir Bedingen
der Macht, der all mein Leben unterliegt.
Mit Gott und Mensch und mit mir selber ringen,
daß in und über mir der Himmel siegt.

Elisabeth Emundts-Draeger

Tausend Glaubensschwierigkeiten sind noch nicht ein Zweifel.

John Henry Newman

Ja, aus Gnade seid ihr kraft des Glaubens erlöst. Nicht euer Verdienst ist es, es ist Gottes Geschenk. Nicht den Werken ist es zu verdanken, damit niemand sich rühmen kann.

Epheser 2, 8–9

Noch einmal, eh ich weiterziehe
und meine Blicke vorwärts sende,
heb ich vereinsamt meine Hände
zu dir empor, zu dem ich fliehe,
dem ich in tiefster Herzenstiefe
Altäre feierlich geweiht,
daß allezeit mich deine Stimme wieder riefe.

Darauf erglüht tief eingeschrieben
das Wort: dem unbekannten Gotte.
Sein bin ich, ob ich in der Frevler Rotte
auch bis zur Stunde bin geblieben:
sein bin ich – und ich fühl' die Schlingen,
die mich im Kampf darniederziehn
und, mag ich fliehn,
mich doch zu seinem Dienste zwingen.

Ich will dich kennen, Unbekannter,
du tief in meine Seele Greifender,
mein Leben wie ein Sturm Durchschweifender,
du Unfaßbarer, mir Verwandter!
Ich will dich kennen, selbst dir dienen.

Friedrich Nietzsche

Polonius Popokappewitscho grübelte … über eine Frage nach. Er fand keine Antwort. Da suchte er die alte, weise und gerechte Zwergenmutter auf … „Was führt dich her, Zwergensohn?" wollte die Uralte wissen.

„Sage mir, Zwergenmutter, warum die Erdbewohner den Schöpfer der Welt mit vielen Namen rufen. Sie heißen ihn Gott, Allah, Elohim, Manitu, Weltseele, Urgrund, Zufall, Nichts …" Die Zwergenmutter dachte nach. Dann hob sie ihr altes, weises und gerechtes Haupt empor und erwiderte: „Du hast eine gute Frage gestellt. Du verdienst eine gute Antwort … Nenne mir die vielen Namen für das Wasser!" – Polonius Popokappewitscho zählte auf: „Regen, Schnee, Eis, Reif, Nebel, Dunst, Wasserdampf, Saft in den Früchten, Blumen und Bäumen, Schweiß auf der Stirn, Brühe im Topf, Weltmeere und Flüsse, Teiche, Seen und Wolken. Das alles ist Wasser …" – „… Also hast du die Antwort … schon gefunden … Das Wasser hat viele Namen und Formen. Es rinnt und sammelt sich. Es hat ein weiches und ein hartes Gesicht, ein heißes und ein kaltes. Es tränkt die Durstigen. Manch einer ertrinkt in ihm …" – „… ich habe dich verstanden … Das Wasser ist wie der Schöpfer der Welt. Er ist oben und unten, im Norden und Süden, Westen und Osten. Es reicht tief und breitet sich flach aus. Er ist überall und doch nirgendwo. Ohne ihn geschieht nichts. Er ist in und außer uns. Er schenkt und nimmt. Wir rufen ihn mit vielen Namen. Doch ist er *einer.*"

„… Du siehst und hörst, daß die Antwort in dir selbst ist."

Alfred Müller-Felsenburg

Vertrau auf den Herrn und halt dich auf seinem Weg.

Psalm 36, 34

Glaube ist nie etwas Totes, sondern echtes Leben. Er wächst wie alles Leben. Da die Botschaft Christi den Menschen unter Gottes Kritik stellt, fordert er auch, daß der Mensch sich immer neu zu Gott „bekehre", seine Gesinnung ändere, vieles aufgebe, woran seine Natur hängt …

Josef Wisdorf

Gottes wird man zuletzt nur am Herzen inne.

Fritz Morgenschweiß

Wer glaubt, sieht mehr und besser.

Fritz Morgenschweiß

Mein erst Gefühl sei Preis und Dank;
erheb ihn, meine Seele!
Der Herr hört deinen Lobgesang;
lobsing ihm, meine Seele!

Du bist es, Herr und Gott der Welt,
und dein ist unser Leben;
du bist es, der es uns erhält
und mir's jetzt neu gegeben.

Christian Fürchtegott Gellert

Der du wohnst in des Höchsten Schutz, in des Allmächtigen Schatten lebst, sprich du zum Herrn: „Meine Zuflucht und meine Burg, mein Gott, auf den ich vertraue!"

Psalm 90, 1–2

Die Größe eines Flusses wird erst an seiner Mündung begriffen, nicht an seiner Quelle.

Teilhard de Chardin

Ich selber kann und mag nicht ruhn,
des großen Gottes großes Tun
erweckt mir alle Sinnen.
Ich singe mit, wenn alles singt,
und lasse, was dem Höchsten klingt,
aus meinem Herzen rinnen.

Hilf mir und segne meinen Geist
mit Segen, der vom Himmel fleußt,
daß ich dir stetig blühe.
Gib, daß der Sommer deiner Gnad'
in meiner Seele früh und spat
viel Glaubensfrücht' erziehe.

Mach in mir deinem Geiste Raum,
daß ich dir werd' ein guter Baum;
und laß mich Wurzel treiben.
Verleihe, daß zu deinem Ruhm
ich deines Gartens schöne Blum'
und Pflanze möge bleiben.

Paul Gerhardt

Gott sei uns gnädig und segne uns; er lasse sein Angesicht über uns leuchten, daß man den Weg seines Waltens auf Erden erkenne …

Psalm 67, 1–3

Weil Du „Ja" zu mir sagst
und mich nicht nach gestern fragst:
weil Du „Ja" zu mir sagst,
darum fang ich wieder an.

Weil Du selbst mich bewachst,
über Wichtigtuer lachst,
weil Du selbst mich bewachst,
darum fang ich wieder an.

(„Weil Du ‚Ja' zu mir sagst"/Neue Songs)

Ein Hase sitzt auf einer Wiese
des Glaubens, niemand sähe diese.
Doch im Besitz eines Zeißes
betrachtet voll gehaltnen Fleißes
vom vis-à-vis gelegenen Berg
ein Mensch den kleinen Löffelzwerg.
Ihn aber blickt hinwiederum
ein Gott von fern an, mild und stumm.

Christian Morgenstern

Schweige nicht, Herr! Bleibe nicht stumm, o Gott, bleibe nicht still!

Psalm 83, 1–2

Laß uns spüren, wo Du bist, Du unser Gott!
Zeig uns doch die Straße,
den Weg, der zu Dir geht.
Führe uns nicht dahin,
wo man Dich nicht versteht!
Laß uns spüren, wo Du bist, Du, unser Gott!

(„Weil Du ‚Ja' zu mir sagst"/Neue Songs)

DIE FÜSSE GOTTES

Einmal kam eine Kinderfrau zu mir und sagte: „Dieses Kind stellt wunderbare Fragen; und ich kann sie nicht beantworten." Ich sagte: „Was sind das für Fragen?"
Sie erwiderte: „Bevor das Kind vorm Schlafengehen das Abendgebet sprach, fragte es mich: ‚Wenn Gott im Himmel ist, oben im Himmel, warum muß ich mich dann tief zur Erde verneigen?'"
Die Kinderfrau war ganz verwirrt und wußte nicht, was sie antworten sollte. Aber wenn man diesem Kind die Antwort schuldig blieb, würde von dem Augenblick an sein Glaube vergehen, ist dies doch die Zeit, in der die Seele anfängt, nach den Geheimnissen des Lebens zu fragen und zu forschen.
Ich fragte das Kind: „Was hast du gesagt?"
Das Kind erklärte es mir; und ich sagte: „Ja, Gott ist im Himmel; aber wo sind seine Füße? Auf der Erde. Wenn du dich zur Erde neigst, berührst du seine Füße."

Hazrat Inayat Khan

Sei gepriesen, o Herr; deine Weisungen lehr mich verstehen. Mit meinen Lippen verkünde ich jeden Spruch deines Mundes.

Psalm 118, 12–13

Die höchste Vollendung des Lebens kommt Gott zu, in dem Erkennen und Sein sich nicht unterscheiden voneinander.

Thomas von Aquin

Gnade und Tugend bilden die Ordnung der Natur nach, die kraft göttlicher Weisheit gegründet ist.

Thomas von Aquin

Das Wesen Gottes, wie es in sich ist, vermögen wir in diesem Leben nicht zu erkennen. Aber wir erkennen es, sofern es sich abbildet in den Vollkommenheiten der Schöpfung.

Thomas von Aquin

Er ist mein Hirt, mir mangelt nichts.
Auf Grastriften lagert er mich,
zu Wassern der Ruh führt er mich.
Die Seele mir bringt er zurück,
er leitet mich in wahrhaftigen Geleisen
um seines Namens willen.
Auch wenn ich gehen muß durch Todesschattenschlucht,
fürchte ich nichts Böses,
denn du bist bei mir,
dein Stab, deine Stütze – die trösten mich.
Du rüstest den Tisch mir
meinen Drängern zugegen,
streichst das Haupt mir mit Öl,
mein Kelch ist Genügen.
Nur Gutes und Holdes verfolgen mich nun
alle Tage meines Lebens,
ich kehre zurück zu Deinem Haus
für die Länge der Tage.

Psalm 23, übersetzt von Martin Buber

Die Erlösung liegt nicht in des Menschen, sondern in Gottes Macht

Johann Heinrich Pestalozzi

Also grübelte ich, um zu ergründen, wie's damit steht, doch schwere Mühsal erschien es mir, bis ich Einlaß in Gottes Geheimnis fand.

Psalm 72, 16–17

Summa: Der christliche Glaube ist diejenige menschliche Einstellung zu Gott, in der sich der Mensch darauf verläßt, daß Gott Mensch geworden ist und bleibt, damit der Mensch menschlich sein und immer menschlicher werden kann. Kürzer: Das Wesen des christlichen Glaubens ist die rechte Unterscheidung zwischen Gott und Mensch, nämlich zwischen einem menschlichen Gott und einem immer menschlicher werdenden Menschen. Und man muß hinzufügen, daß der christliche Glaube über diese Entscheidung von Gott und Mensch froh ist, weil es dem Menschen und seiner Welt wohltut, daß der Mensch kein Gott ist und sein wollen muß. – Insofern kann man noch kürzer sagen: Das Wesen des christlichen Glaubens ist Freude an Gott und deshalb Sorge für eine menschlichere Welt.

Eberhard Jüngel

Die Leute sollen nicht soviel darüber nachdenken, was sie tun sollen; sie sollten darüber nachdenken, was sie sein sollen.

Meister Eckehart

Preise den Herrn, meine Seele: Herr, mein Gott, überaus groß bist du! Mit Hoheit und Pracht bist du angetan; wie in einen Mantel gehüllt in Licht. Du hast den Himmel gespannt wie ein Zelt, über den Wassern dir deinen Saal erbaut. Du nimmst dir die Wolke zum Wagen, auf Flügeln des Sturms fährst du dahin. Die Winde machst du zu deinen Boten, zu deinem Diener das lodernde Feuer. Du hast die Erde auf ihre Festen gegründet, in Ewigkeit wankt sie nicht.

Psalm 103, 1–5

Wir vertrauen dem Kursbuch der Bundesbahn. Wir nehmen bedenkenlos die Nachrichten in Fernsehen, aus dem Rundfunk und den Zeitungen auf. Das Leben von Steinzeitmenschen glauben wir zu kennen. Selten prüfen wir nach, ob uns der Wegweisende richtige Auskunft gegeben hat. Statt dessen marschieren wir getrost los. Zeichen von Vertrauen und Glauben? Gewiß. Und warum reagieren wir mißtrauisch, wenn uns die Wahrheit Gottes ins Auge springt?

Alfred Müller-Felsenburg

Am Anfang war das Wort – am Ende die Phrase. – Das behauptet der Satiriker Stanislaw Jerzy Lec; und so unrecht scheint er nicht zu haben. Christen jedoch sollten einmal bedenken, ob die Mitteilung „Das Paradies steht am Ende, nicht am Anfang!“ uns nicht ermutigen sollte, darüber nachzudenken und daran mitzuwirken, daß wir tatsächlich auf die verheißene „Neue Erde“ und den „Neuen Himmel“ zusteuern.

Alfred Müller-Felsenburg

Februar

Hornung bin ich erkennst du mich
geest du nacket es gerenet dich
In disem monat ist gut lassen
Iß und trink auch zu massen

Auch mir hat die Natur
an meiner Wiege Freude zugeschworen.
Friedrich von Schiller

Ein fröhlich Herz tut auch dem Körper gut; den Leib dörrt aus ein kummervoll Gemüt.

Sprüche 17, 22

Mittel wider die Traurigkeit, die eine Ermüdung der Seele ist:
Zum ersten jegliche Erfreuung!
Zum zweiten Tränen!
Zum dritten Mit-Leiden der Freunde!
Zum vierten Betrachtung der Wahrheit!
Zum fünften schlafen und baden!

Nach Thomas von Aquin

In einer gottlosen Zeit muß man aber lustig sein. Das ist Pflicht … Man entzieht der Verzweiflung den Boden.

Gilbert Keith Chesterton

Wohlan, so iß dein Brot in Freude; und trinke frohen Herzens deinen Wein! Denn Gott gefällt seit je solch Tun von dir!

Sprüche 9, 7

Geh' aus, mein Herz, und suche Freud'!

Paul Gerhardt

Heiterkeit und Freudigkeit ist der Himmel, unter dem alles gedeiht.

Jean Paul

Es ist eine Lust, zu leben!

Ulrich von Hutten

Liegt dir Gestern klar und offen
wirkst du heute kräftig frei,
kannst auch auf ein Morgen hoffen,
das nicht minder glücklich sei.

Johann Wolfgang von Goethe

Freu' dich ... in deiner Jugend; und dein Herz sei froh in deinen jungen Tagen! Folge dem Zug deines Herzens und dem, was dein Auge erschaut! Doch wisse, daß Gott über alles dich zur Rechenschaft zieht!

Prediger 11, 9

Schläft ein Lied in allen Dingen,
Die da träumen fort und fort,
Und die Welt hebt an zu singen,
triffst du nur das Zauberwort.

Joseph Freiherr von Eichendorff

Rosen auf den Weg gestreut und des Harms vergessen.

Ludwig Christoph Heinrich Hölty

Laß dich die Welt nicht fangen,
brich durch, mein freudig Herz,
ein ernsteres Verlangen:
Erheb dich himmelwärts!

Joseph Freiherr von Eichendorff

Schlag Kummer dir aus dem Sinn und halte dir Übles vom Leib!

Prediger 11, 10

Lernen wir besser uns freuen, so verlernen wir am besten, anderen wehe zu tun.

Friedrich Nietzsche

Blumen sind an jedem Weg zu finden,
doch nicht jeder weiß den Kranz zu winden.

Anastasius Grün

Freude fehlt nie, wo Arbeit, Ordnung und Treue sind.

Johann Caspar Lavater

Die güldne Sonne voll Freud' und Wonne
Bringt unsern Grenzen mit ihrem Glänzen
Ein herzerquickendes, liebliches Licht.
Mein Haupt und Glieder, die lagen darnieder,
Aber nun steh' ich, bin munter und fröhlich,
Schaue den Himmel mit meinem Gesicht.

Paul Gerhardt

Das Herz des Menschen ändert auch sein Antlitz und macht es heiter oder aber düster.

Jesus Sirach 13, 25

Das Glück hat Flügel.

Sprichwort

Doch mit des Geschickes Mächten
ist kein ewger Bund zu flechten.

Friedrich von Schiller

Halte das Glück wie den Vogel: So
leise und lose wie möglich!
Dünkt er sich selber nur frei, bleibt er dir gern in der Hand.

Friedrich Hebbel

Die meisten Menschen sind, um glücklich zu sein, entweder nicht gescheit oder nicht dumm genug.

Hans Krailsheimer

Das Zeichen eines frohen Herzens ist ein sonnig Antlitz; doch grüblerische Sorgen sind nichts als quälende Gedanken.

Jesus Sirach 13, 26

Laßt uns besser werden! Gleich wird's besser sein.

Franz Overbeck

Mein Tag soll tausend Jahre dauern!
Ich wünsche, daß er nie vergeht.
Mein Tag, der ist nicht zum Versauern.
Ich will, daß er vor Gott besteht!

Mein Tag soll allen Freude bringen!
Ich hoffe, daß es mir gelingt.
Mein Tag, das ist ein helles Klingen.
Ich mag's nicht, wenn die Sonne sinkt.

Mein Tag soll Nehmen, Geben sein!
Ich will, daß bunte Blumen blüh'n!
Mein Tag gleicht einem Edelstein.
Ich möchte, daß sich alle müh'n.

Mein Tag soll gänzlich sich entfalten!
Ich glaub' an Gottes Heil und Glück.
Den Tag sollt' gut ich nur gestalten!
Ich will vorangeh'n, nie zurück!

Alfred Müller-Felsenburg

Glückselig, wem sein Mund noch nie hat Leid gebracht, und über den sein kummervolles Herz sich nicht betrübt!

Jesus Sirach 14, 1

Schenke mir eine gute Verdauung, Herr
auch etwas zum Verdauen.
Schenke mir Gesundheit des Leibes,
mit dem Sinn dafür,
ihn möglichst gesund zu erhalten.

Schenke mir eine heilige Seele, Herr,
die das nicht übersieht,
was gut und rein,
damit sie beim Anblick der Sünde nicht erschrecke,
sondern Mittel und Wege finde,
die Dinge wieder in Ordnung zu bringen.

Schenke mir eine Seele,
der die Langeweile fremd ist,
die kein Murren kennt und kein Klagen;
und laß nicht zu,
daß ich mir allzuviel Sorgen mache
um das bißchen „Ich",
das sich dauernd breitzumachen sucht.

Herr, schenke mir Sinn für Humor,
gib mir die Gnade, einen Scherz zu verstehen,
damit ich ein wenig Glück kenne im Leben
und anderen davon mitteile.

Thomas Morus

Glückselig, wem die Seele keinen Vorwurf macht, und dessen Zuversicht nicht leer zusammenfällt!

Jesus Sirach 14, 2

O Menschenherz, was ist dein Glück?
Ein rätselhaft geborner
und, kaum gegrüßt, verlorner
unwiederholter Augenblick!

Nikolaus Lenau

Glück ist ein Buckel, der schwer zu tragen ist.

Sprichwort aus Rußland

Es ist nicht leicht, das Glück mit Anstand zu tragen.

Sprichwort aus Großbritannien

Wer selber sich nichts gönnt, wem wird der Gutes tun?

Jesus Sirach 14, 4

Nicht der Mensch hat am meisten gelebt, welcher die höchsten Jahre zählt, sondern derjenige, welcher sein Leben am meisten empfunden hat.

Friedrich Rückert

Man will nicht nur glücklich sein, sondern glücklicher als die anderen. Das ist deshalb so schwer, weil wir die anderen für glücklicher halten, als sie es sind.

Charles Baron de Montesquieu

Wer glücklich ist, sollte nicht noch glücklicher sein wollen.

Theodor Fontane

O Mensch, wenn du imstande bist, so mach dir's wohl und pflege dich, so gut du es vermagst!

Nach Jesus Sirach 14, 11

Im Unglück lernt man sich selbst am besten kennen, weil man nicht mehr durch Freunde abgelenkt wird.

Samuel Johnson

Seine Freude in der Freude des anderen finden zu können: das ist das Geheimnis des Glücks.

George Bernanos

Der Wein erfreut des Menschen Herz, und Freudigkeit ist die Mutter aller Tugenden.

Johann Wolfgang von Goethe

Selig der Mensch, der auf Weisheit sinnt, zur Einsicht erhebt seine Blicke!

Jesus Sirach 14, 20

Freudig war, vor vielen Jahren,
Eifrig so der Geist bestrebt,
Zu erforschen, zu erfahren,
Wie Natur im Schaffen lebt.
Und es ist das ewig Eine,
Das sich vielfach offenbart:
Klein das Große, groß das Kleine,
Alles nach der eignen Art;
Immer wechselnd, fest sich haltend,
Nah und fern und fern und nah,
So gestaltend umgestaltend –
Zum Erstaunen bin ich da.

Johann Wolfgang von Goethe

Man schneidet keine Blumen ab, um sie zum Blühen zu bringen!

Morris L. West

Nur Frohsinn und Freude wird der Mensch bei der Weisheit finden; und ewigen Ruhm gibt sie ihm zu Besitz.

Nach Jesus Sirach 15, 6

Der spielende Mensch ist uns zunächst ein Mensch der ernsten Heiterkeit. Es liegt am Grunde jedes Spiels ein tiefes Geheimnis – wir ahnten es schon im Blick auf den schöpferisch spielenden Gott: Alles Spiel, genauso wie der tiefe Ernst einer zu lösenden Lebensaufgabe, strebt nach jener Angleichung an den Weltschöpfer, der sein Werk vollzieht mit dem göttlichen Ernst der inneren Sinnhaftigkeit, und doch zugleich mit der gelassenen Geste einer göttlich gekonnten, niemals notwendigen Künstlertätigkeit.

Hugo Rahner

Jede Stufe der Bildung fängt mit der Kindheit an. Daher ist der am meisten gebildete, irdische Mensch dem Kinde so ähnlich.

Novalis

Wie Lebenswasser ist der Wein dem Menschen, wenn er ihn trinkt in rechtem Maße. Was hat der für ein Leben, der des Weins entbehrt? Zur Freude wurde dieser ja von Anfang an geschaffen.

Jesus Sirach 31, 27

Gleich geschmolzenen Rubinen
glänzt im Glas des Weines Welle;
her damit,
auf daß ihr Schimmer
mir den dunklen Geist erhelle!

Omar Chajjam

Ein Grund mehr

Wasser hat er in Wein verwandelt. Später oft versucht, erst durch Zusatz von Glykol wieder gelungen. Aber das ist eine andere Geschichte.

Wichtig ist die Abfolge: Wasser in Wein. Nicht umgekehrt. Ein Grund mehr, sich mit *Ihm* zu beschäftigen!

Heinrich Peuckmann

Die Herzensfreude ist dem Menschen Leben; und Frohsinn mehret dem Menschen seine Lebenstage.

Jesus Sirach 30, 22

Heiter trete jeder Sänger,
Hochwillkommen, in den Saal:
Denn nur mit dem Grillenfänger
Halten wirs nicht liberal;
Fürchten hinter diesen Launen,
Diesem ausstaffierten Schmerz,
Diesen trüben Augenbraunen
Leerheit oder schlechtes Herz.

Johann Wolfgang von Goethe

Über einen hochbetagten, aber freundlichen Priester munkelten die Gemeindemitglieder oft spöttisch-liebevoll: „Er segnet alles, nur nicht das Zeitliche!“

Alfred Müller-Felsenburg

Humor ist der Schwimmgürtel auf dem Strome des Lebens.

Wilhelm Raabe

Verschwende nicht, wo Lieder klingen, kluge Reden; was willst zur Unzeit du den Weisen spielen?

Jesus Sirach 32, 4

Wer sich und andere der Musik öffnet, befindet sich auf den „Spuren der Engel".

Ralph Sauer

Greift zum Becher, und laßt das Schelten,
Die Welt ist blind.
Sie frägt, was die Menschen gelten,
Nicht, was sie sind.

Uns aber laßt zechen und krönen
Mit Laubgewind
Die Stirnen derer, die noch dem Schönen
Ergeben sind!

Und bei den Posaunenstößen,
Die eitel Wind,
Laßt uns lachen über Größen,
Die keine sind!

Heinrich Leuthold

Das Lachen erhält uns vernünftiger als der Verdruß.

Gotthold Ephraim Lessing

Gib deine Seele nicht den Sorgen hin; und bring' dich nicht zu Fall mit deinem Grübeln!

Jesus Sirach 30, 21

Ein unkluger Mann wacht alle Nächte;
über alles sorgt er und sinnt.
Müd' ist er dann, wenn der Morgen kommt:
Sein Elend ändert er nicht.

Edda

Sie suchen früh und spät
das Bittere im Kelche:
Wer keine Plage hat,
der macht sich welche!

August von Kotzebue

Sorge machet graues Haar,
so altert Jugend ohne Jahr.

Freidank

Beschwichtige dich selbst, beruhige dein Herz, und halte den Verdruß dir fern. Denn viele hat die Sorge schon getötet, und der Verdruß ist nie von Nutzen.

Jesus Sirach 30, 23

Der Gram zehrt am Leben.

William Shakespeare

Obwohl sie nicht hundert Jahr alt werden, bereiten sich die Menschen Sorge für tausend Jahre.

Sprichwort aus China

Ein großer Teil der Sorge besteht aus unbegründeter Furcht.

Carl Hilty

Macht euch daher nicht Sorge für den morgigen Tag; denn der morgige Tag wird für sich selber sorgen. Jedem Tag genügt seine Plage.

Matthäus 6, 34

Man kann sehr vielen und großen Kummer haben und sich doch dabei nicht unglücklich fühlen, vielmehr in diesem Kummer eine so erhebende Nahrung des Geistes und des Gemüts finden, daß man diese Empfindung mit keiner anderen vertauschen möchte.

Wilhelm von Humboldt

Das Glück des Lebens kann niemand schmieden, immer nur das Glück des Augenblicks.

Karl Heinrich Waggerl

Wenn ich einen grünen Zweig im Herzen trage, wird sich ein Singvogel darauf niederlassen.

Sprichwort aus China

Neid und Zorn verkürzen das Leben; und vor der Zeit macht Sorge alt.

Jesus Sirach 30, 24

Die Neider sterben wohl, doch nimmermehr der Neid.

Jean Baptiste Molière

Kaum hat mal einer ein Bissel was,
gleich gibt es welche, die ärgert das.

Wilhelm Busch

Sobald der Mensch in Zorn gerät, gerät er in Irrtum.

Talmud

Das größte Gegenmittel wider den Zorn ist der Aufschub.

Lucius Annaeus Seneca

Der Schlaf des Frohen schmeckt wie Leckerbissen; und seine Mahlzeit mundet ihm.

Jesus Sirach 30, 25

Geh mit den Hühnern schlafen, und steh mit den Hähnen auf!

Sprichwort aus Spanien

Wer die ganze Nacht schläft, hat am Tage Anspruch auf ein wenig Ruhe.

Sprichwort aus Kuba

Früh zu Bett und früh aufstehen macht gesund, reich und klug.

Benjamin Franklin

Warte nicht mit Essen und Trinken; denn die Welt, die wir verlassen müssen, gleicht einem Festmahle.

Talmud

Über dem vollen Bauche lächelt ein fröhliches Haupt.

Sprichwort

Leckerbissen, dargeboten dem verschloss'nen Mund, sind wie Opferspeise, hingestellt vor Götzen!

Jesus Sirach 30, 18

Wenn du schon Krähen essen mußt, dann sorge wenigstens dafür, daß sie in einer guten Weinsauce angerichtet werden!

Morris L. West

Das reichste Mahl ist freudenleer,
wenn nicht
des Wirtes Zuspruch und Geschäftigkeit
den Gästen zeigt, daß sie willkommen sind.

William Shakespeare

Der liebt mich auf die rechte Art, der mir den Bauch füllt.

Sprichwort aus Großbritannien

Kein Reichtum übertrifft den Reichtum der Gesundheit, kein Gut ein heiteres Gemüt.

Jesus Sirach 30, 16

Gesundheit ist nicht alles; aber ohne Gesundheit ist alles nichts.
Besonders überwiegt die Gesundheit alle äußeren Güter so sehr, daß wahrlich ein gesunder Bettler glücklicher ist als ein kranker König.

Arthur Schopenhauer

Lachen reinigt die Zähne.

Sprichwort aus Angola

In seinem Lachen liegt der Schlüssel, mit dem wir den ganzen Menschen entziffern.

Thomas Carlyle

Ja, glücklich ist die Seele eines Gottesfürchtigen!

Jesus Sirach 33, 17

Des Menschen größtes Glück ist seine Tat,
des Menschen größte Freude ist der Mensch,
des Menschen schönste Betrachtung ist die Natur,
des Menschen ewige Hoffnung ist Gott.

Adalbert Stifter

Frei von Unglück ist niemand.

Sophokles

Ein tiefer Fall führt oft zu höherem Glück.

William Shakespeare

Es ist ein Unglück, nie Unglück gehabt zu haben.

Karl Julius Weber

Des Herrn Augen sind auf die gerichtet, die ihn lieben. Er ist ein starker Schild und eine feste Stütze, ein Schutz vor Glutwind und ein Schirm vor Hitze, Bewahrung vor dem Straucheln und ein Halt vor Sturz, dem Herzen Freude und ein Licht den Augen, Gesundung für das Leben und ein Segen.

Jesus Sirach 34, 19–20

Hebe deine Augen auf; und du wirst die Sterne sehen!

Sprichwort von den Philippinen

Trost gibt der Himmel. Von den Menschen erwartet man Beistand.

Ludwig Börne

Doch jubeln und deiner sich freuen sollen alle, die dich suchen! Wer deine Hilfe liebt, soll immerdar sprechen: „Groß ist der Herr!"

Psalm 40, 17

Es ist einfach falsch, unter Glückseligkeit sich die Erfüllung aller Wünsche vorzustellen.

Leo Tolstoi

Fröhliche Menschen sind in der Regel auch gute Menschen.

Karl Julius Weber

Die höchste Vollkommenheit der Seele ist ihre Fähigkeit zur Freude.

Luc de Clapier, Marquis de Vauvenargues

Ebenso, sage ich euch, wird Freude sein bei den Engeln Gottes über einen einzigen Sünder, der sich bekehrt.

Lukas 15, 10

Reu' ist aller Sünden Tod.
Sie hilft dem Sünder aus der Not.

Freidank

Der Quell echter Reue sprudelt in heiligen Tiefen; und nur in der einsamen Stille des göttlichen Ursprungs waschen sich schuldige Hände und Seelen rein.

Conrad Ferdinand Meyer

Deine Reue sei lebendiger Wille, fester Vorsatz. Klage und Trauer über begangene Fehler sind zu nichts nütze.

August Graf von Platen-Hallermünde

Geh' ein in die Freude deines Herrn!

Matthäus 25, 21

Es ist ein fröhlich Ding um eines Menschen Sterben.
Es freuen sich darauf die gerne-reichen Erben;
Die Priester freuen sich, das Opfer zu genießen;
Die Würmer freuen sich an einem guten Bissen;
Die Engel freuen sich, die Seele 'nauf zu führen;
Der Teufel freuet sich, wenn sie ihm will gebühren.

Friedrich von Logau

Als eine Nonne gestorben war, untersagte die Oberin Teresa von Avila Trauergesänge, komponierte freudige Lieder und sang sie, während sie mit den Schwestern den Sarg umtanzte.

Gisbert Kranz

VITA MUTATUR NON TOLLITUR
A.: Hast du schon gehört? Müller ist tot.
B.: Er ist nicht tot. Er hat seine Lebensweise geändert.

Gisbert Kranz

Ihr werdet trauern; doch eure Traurigkeit wird zur Freude werden.

Johannes 16, 20

Wir lieben das Leben,
wir suchen und streben
nach Freude und Glück.
Herr, wer kann uns führen?
Wenn wir uns verlieren,
ruf du uns zurück.

Wir lachen und weinen;
die Sonne wird scheinen
im Wechsel der Zeit.
Herr, an allen Tagen
das Leben zu wagen,
mach du uns bereit.

Konrad Sandmeyer

Trauert nicht,
wenn eines Herzens Melodie verstummt!
Bald findet eine Hand sich,
wieder es zu stimmen.

Friedrich Hölderlin

Laßt uns freudig sein und ihm frohlocken und ihm die Ehre geben.

Offenbarung des Johannes 19, 7

Ich selbst
muß Sonne sein;
ich muß mit meinen Strahlen
das farbenlose Meer
der ganzen Gottheit malen.

Angelus Silesius

Kein Schlaf noch kühlt das Auge mir,
Dort gehet schon der Tag herfür
An meinem Kammerfenster.
Es wühlet mein verstörter Sinn
noch zwischen Zweifeln her und hin
Und schaffet Nachtgespenster.
Ängste, quäle
Dich nicht länger, meine Seele!
Freu dich! Schon sind da und dorten
Morgenglocken wach geworden.

Eduard Mörike

März

Ich bin gehayssen Mertz
Den pflug ich hie auffstertz
In disem monat laß kein plut
Doch ist schwayßbaden fast gut

Und eine Stimme kam vom Himmel:
„Du bist mein geliebter Sohn,
an dir habe ich Wohlgefallen."
Markus 1, 11

GESUCHT WIRD: JESUS CHRISTUS
alias der Messias, Sohn Gottes, König der Könige, Herr der Herren, Fürst des Friedens usw. Berüchtigter Führer einer Untergrundbefreiungsbewegung. Er hat sich folgender Vergehen schuldig gemacht: Er praktiziert ohne Lizenz als Arzt, Weinhersteller und Essensverteiler, legt sich mit Geschäftsleuten im Tempel an. Er verkehrt mit bekannten Kriminellen, Radikalen, Subversiven, Prostituierten und Leuten von der Straße. Er behauptet, die Autorität zu haben, Menschen in Gottes Kinder zu verwandeln. Äußere Erscheinung: typischer Hippie – langes Haar, Bart, Robe, Sandalen. Er treibt sich gern in Slums herum, hat einige reiche Freunde, verkriecht sich oft in der Wüste. Achtung: Dieser Mann ist extrem gefährlich. Für seine zündende Botschaft sind besonders jene jungen Leute anfällig, denen man noch nicht beigebracht hat, ihn zu ignorieren. Er verändert Menschen und behauptet, sie frei zu machen. Warnung: Er läuft immer noch frei herum.

Fahndungsplakat (aus den USA stammend und fast überall in der Welt verbreitet worden)

Von Jakob stammte Josef, der Mann Marias, von der geboren wurde Jesus, genannt Christus.

Matthäus 1, 16

Danke, daß du den Sohn gesendet,
Danke, daß du uns Christus gabst!
Danke, daß du die Not gewendet
und durch ihn uns labst!

Danke, daß er sich hingegeben,
Danke, daß er für Sünder starb!
Danke, daß er uns Heil und Leben
durch den Tod erwarb!

Danke, daß er den Tod vernichtet,
Danke, daß er vom Grab erstand!
Danke, daß er uns aufgerichtet
und den Geist gesandt!

Danke, daß du ihn aufgenommen,
Danke, daß er einst wiederkehrt!
Danke, daß wir zu dir nun kommen
können unbeschwert!

Lamprecht Hauser

Wer Menschen gewinnen will, muß sein Herz zum Pfand einsetzen.

Adolph Kolping

Dieser nämlich ist es, von dem durch den Propheten Jesaja gesagt ist: „Eine Stimme ruft in der Wüste: Bereitet den Weg des Herrn; macht ihm zurecht seine Straßen!"

Matthäus 3, 3

Es genügt, wenn die Wahrheit ein einziges Mal in einem einzigen Geiste erscheint; und nichts kann sie daran hindern, alles zu ergreifen und alles zu entflammen.

Teilhard de Chardin

Bei Tag bist du das Hörensagen,
das flüsternd um die vielen fließt;
die Stille nach dem Stundenschlagen,
welche sich langsam wieder schließt.

Je mehr der Tag mit immer schwächern
Gebärden sich nach Abend neigt,
je mehr bist du, mein Gott. Es steigt
dein Reich wie Rauch aus allen Dächern.

Rainer Maria Rilke

Und siehe, eine Stimme vom Himmel sprach: „Dieser ist mein geliebter Sohn, an dem ich Wohlgefallen habe."

Matthäus 17, 5

Von Jesus weiß ich nicht sehr viel ... Hat Jesus überhaupt gelebt – oder ist er nur ein Bild, das in der Bibel verankert wurde? Ich weiß es nicht. Für mich gibt es Gott nicht als Gestalt, sondern als ein Wesen, das über allen steht. Er ist Herrscher über Leben und Tod. Ich glaube, als auf Erden unzufriedener Mensch kann man bei ihm glücklich werden.

Eine Krankenpflegeschülerin

Du bist das Wort, Herr.
Logos.
Ohne Beginn.
Ohne Ende.
Der große Bogen
geht über die Firmamente
aller Milchstraßensysteme.

Alfred Müller-Felsenburg

„Bist du der Sohn Gottes, so sag', daß diese Steine Brot werden!"
Er aber antwortete: „Es steht geschrieben: ‚Nicht nur vom Brot lebt der Mensch, sondern von jedem Wort, das hervorgeht aus dem Mund Gottes.'"

Matthäus 4, 3

Wir müssen als Christen die Gegenwart Christi vielleicht wortlos ausstrahlen.

Aus dem „Marienhausbuch" 1980, Heiligenstadt

Ein jedes Ding hat seinen Mund zur Offenbarung.

Aus dem „Marienhausbuch", 1980, Heiligenstadt

Der natürliche Weg zu Jesus ist, an seinem Werke zu arbeiten.

Albert Schweitzer

Er, der in Gottes Gestalt war, sah im Gottgleichsein nicht einen für sich festzuhaltenden Gewinn, sondern entsagte seiner selbst, nahm Knechtsgestalt an, wurde Menschen gleich und seinem Äußeren nach erfunden wie ein Mensch; er erniedrigte sich selbst und wurde gehorsam bis in den Tod, den Tod am Kreuz.

Philipper 2, 6–8

Liebe ohne Erkenntnis
dünkt die weise Seele eine Finsternis.
Erkenntnis ohne Gebrauch
dünkt sie eine Höllenpein

Mechthild von Magdeburg

... wer ist denn dieser Christus, der sich in alles hineinmischt. – Der nichts von uns gewußt hat, nicht von unserer Arbeit, nicht von unserer Not, nichts von unserer Freude, wie wir sie heute leisten, durchmachen, aufbringen – und der doch, so scheint es, immer wieder verlangt, in unserem Leben der erste zu sein ... Was will er von uns? Er will uns helfen, heißt es ...

Rainer Maria Rilke

Ich bin der Weg, die Wahrheit und das Leben; niemand kommt zum Vater außer durch mich.

Johannes 14, 6

Jesus offenbart sich als Botschafter des Willens Gottes. Er lehrt durch sein Wort und Beispiel, wie seine Gläubigen handeln sollen. Und nur wer dies tut, darf ihn „Herr" nennen.

Karl Stelzer

Jesus, Heiland, erbarme dich meiner. Erleuchte du meine Augen, daß ich den Weg zu dir finde. Mache du meine Schritte fest, daß ich vom Weg nicht abirre. Öffne du meinen Mund, daß ich von dir spreche. Du willst, daß ich meine Mitmenschen liebe. Laß mich ihnen so dienen, daß sie ihr Heil finden und in deine Herrlichkeit gelangen.

Abt Alkuin

Herr, zu wem sollen wir gehen? Du hast Worte des ewigen Lebens! Wir haben erkannt und geglaubt, daß du der Heilige Gottes bist!

Johannes 6, 68–69

Zwei Dinge erfüllen das Gemüt mit immer neuer und zunehmender Bewunderung und Ehrfurcht, je öfter und anhaltender sich das Nachdenken damit beschäftigt: der bestirnte Himmel über mir und das moralische Gesetz in mir. Beide darf ich nicht als in Dunkelheit verhüllt oder im Überschwenglichen, außer meinem Gesichtskreis, suchen und bloß vermuten; ich sehe sie vor mir und verknüpfe sie unmittelbar mit dem Bewußtsein meiner Existenz.

Immanuel Kant

Wir, Herr,
müßten Dich sehen
im Antlitz unserer Brüder.

Alfred Müller-Felsenburg

Die Füchse haben Höhlen und die Vögel des Himmels Nester; der Menschensohn aber hat nichts, wohin er sein Haupt legt.

Matthäus 8, 20

Der Mensch reduzierte Gott auf menschliches Maß, um fähig zu sein und zu werden, mit ihm zu sprechen, seiner ansichtig zu werden, auf daß er uns stets gegenwärtig bleibe. Gott selbst indessen offenbarte sich in Jesus Christus, weil er diesem Urbedürfnis der Menschen gerecht werden wollte. Ein Akt der Liebe also. Unsere Arroganz jedoch vergrößerte die eigene Gestalt derart immens, daß sowohl Gott als auch Jesus Christus von dieser Hybris total zugeschüttet scheinen, dem Auge entschwinden und fortan unfaßbar zu bleiben drohen.

Alfred Müller-Felsenburg

Mitten in einer Welt, die verseucht ist von Unmenschlichkeit und Egoismus, bezeugt Jesus die gewaltlose Macht der Liebe.

Adolf Exeler

Denn auch der Menschensohn ist nicht gekommen, sich bedienen zu lassen, sondern zu dienen und sein Leben hinzugeben als Lösepreis für viele.

Markus 10, 45

Jesus ist	der Sohn armer Leute – Wanderprediger – einer, der sich um Kranke und Verlorene kümmert
für die Pharisäer	„ein Fresser und Weinsäufer" „ein Gotteslästerer" „ein falscher Messias"
für die Ungläubigen	ein guter Mensch ein gescheiterter Revolutionär ein Phantast
für die Gläubigen	der Messias (Heiland) der Friedensfürst der Sohn Gottes

Aus dem Religionsbuch „Zielfelder"

Jesus Christus ist der Weg der Kirche. Er ist unser Weg zum Haus des Vaters und ist auch Zugang zu jedem Menschen. Auf dieser Straße, die von Christus zum Menschen führt, auf der Christus jedem Menschen zur Seite tritt, darf die Kirche sich von niemandem aufhalten lassen. Das fordert das zeitliche wie auch das ewige Heil des Menschen.

Papst Johannes Paul II.
(Enzyklika „Redemptor Hominis")

Erbarm dich meiner, Herr, Sohn Davids!

Matthäus 15, 22

Ich habe mich erst entdeckt, seit ich dich kennengelernt habe. Ich bin nur ich selbst geworden, weil ich dich geliebt habe. Jedesmal, wenn ich von dir weggegangen bin, war ich verloren, ausgelöscht, du aber hast mir bei jeder Rückkehr Leben und Freude geschenkt.

Aus dem „Marienkalender" 1983, Heiligenstadt

… ob es möglich ist, ob der Teig noch so viel Hefe hat, daß wir uns auf die Seite jenes jüdischen Verbrechers stellen; denn er war ein Verbrecher, der zwischen zwei Dieben zum Tode befördert wurde, weil er sich als den Sohn Gottes bezeichnete. Was er hinterließ …, war eine Offenbarung und eine Revolution, denn es bedeutet, daß wir alle Kinder Gottes sind. Das ist eine Herausforderung, das ist die Hoffnung.

James Baldwin

Ihr sollt aber wissen, daß der Menschensohn Macht hat, Sünden zu vergeben.

Matthäus 9, 6

Gegen das Böse aufzustehen, ist ebenso Pflicht, wie für das Gute einzutreten.

Mahatma Gandhi

Gott, du allein hast meine Seele erschaffen können, du allein kannst sie aufs neue erschaffen. Du allein hast ihr dein Bild einprägen können, du allein kannst sie umprägen und ihr dein ausgelöschtes Antlitz wieder eindrükken, welches ist Jesus Christus, mein Heiland, der dein Bild ist und das Zeichen deines Wesens.

Blaise Pascal

Denn so sehr liebte Gott die Welt, daß er seinen eingeborenen Sohn hingab, damit jeder, der an ihn glaubt, nicht verloren gehe, sondern ewiges Leben habe.

Johannes 3, 16

AGNUS DEI

Es sucht das Lamm die Bitterkeit der Heide,
zieht Salz dem Zucker vor auf seiner Weide,
sein Schritt wird laut, daß ich ihn nicht vom Regen unterscheide.
Will es ein Ziel, so ist nichts anzufangen,
kopfstoßend starr durchstemmt es sein Verlangen,
dann blökt es seiner Mutter zu, der bangen.
Lamm Gottes, das der Menschen Heil beginnt,
Lamm Gottes, das uns zählt und kennt und findt,
Lamm Gottes sieh, erbarm dich dessen, was wir sind.
Gib uns den Frieden, nicht den Krieg bescher,
Lamm, schrecklich in des rechten Zornes Wehr,
o du, einziges Lamm, Gott und Gottvaters Einziger.

Paul Verlaine (übersetzt von R. M. Rilke)

Auch wenn ich selbst Zeugnis über mich gebe, ist mein Zeugnis wahr; denn ich weiß, woher ich gekommen bin und wohin ich gehe.

Johannes 8, 14

Ich glaube ganz felsenfest an Christus, den Erstling der in dem neuen Reich Erstandenen, in dem es den Tod nicht mehr gibt.

Peter Wust

Ein Mann vieler Namen:
Jesus – Jeshua = Jawhe ist der Retter!
Löwe aus dem Stamm Juda.
Christus – Messias: Gesalbter!
Der Zimmermann.
Sohn Mariens.
Rabbi: Lehrer, Meister.
Der Gekreuzigte, König der Juden.
Lamm Gottes – Auferstehung und das Leben.
Haupt der Kirche.
Brot des Lebens.
Guter Hirt.
Alpha und Omega.
Übernamen? Schutzbehauptungen? Alibifunktionen? Starallüren? Fan-Verehrung? Oder schlichte Wahrheit in vielerlei Gewändern? Jesus: Prisma, Kaleidoskop der Welt und des Reiches Gottes? – Wer ist fähig, eine vollständige Antwort zu geben?

Alfred Müller-Felsenburg

Das Kreuz ist den Menschen der letzten Jahrtausende als Marterpfahl der Hinrichtung bekannt und als Wahrzeichen der Opferbereitschaft. Nur wenige haben darin das uralte Zeichen des Treffpunkts erkannt, an welchem die von oben hereinbrechende Liebesordnung den Weg der Weltgesetze überschneidet.

Waldemar Bonsels

Ich kann mir nicht vorstellen, daß das Kreuz bleiben sollte, das doch nur ein Kreuzweg war. Es sollte uns gewiß nicht überall aufgeprägt werden wie ein Brandmal. In ihm selber sollte es aufgelöst sein. Denn, ist es nicht so: Er wollte einfach den höheren Baum schaffen, an dem wir besser reifen können. Er, am Kreuz, ist dieser neue Baum in Gott, und wir sollten warme glückliche Früchte sein, oben daran.

Rainer Maria Rilke

Es ist das heiligste Zeichen, das es gibt. Mache es recht; langsam, groß, mit Bedacht. Dann umfaßt es dein ganzes Wesen, Gestalt und Seele, deine Gedanken und deinen Willen, Sinn und Gemüt, Tun und Lassen, und alles wird darin gestärkt, gezeichnet, geweiht, in der Kraft Christi, im Namen des dreieinigen Gottes.

Romano Guardini

Er war das wahre Licht, das jeden Menschen erleuchtet, der in die Welt kommt.

Johannes 1, 9

Christus ist vollständig in die Menschheit eingegangen; und der Mensch strebt danach, sich in das Ich Christi, als in sein Ideal, zu verwandeln.

Fjodor M. Dostojewskij

Was könnten wir an seine Stelle setzen? Doch nicht uns selbst, die wir so schlecht sind.

Fjodor M. Dostojewskij

Es gibt in der Welt nur eine einzige positiv-schöne Gestalt: Christus, diese unendlich schöne Gestalt ist selbstverständlich ein unendliches Wunder (das ganze Evangelium Johannis ist von diesem Gedanken erfüllt: Johannes sieht das Wunder in der Fleischwerdung, in der Erscheinung des Schönen).

Fjodor M. Dostojewskij

Denn die Liebe Christi drängt uns!

2 Korinther 5, 14

Herr, Du bist der große Reisende.
Wir sind Deine Warteräume
und Bahnhofshallen zugleich.
Du wartest immer in uns auf das Abfahren
Deines eigenen Zuges.
Dein Zug ist die Liebe.
Aber wir sind ein Bahnhof ohne genaue Zeit.
Häufig wird dieser Zug nicht abgefertigt.
Er fährt nämlich, so scheint es manchmal,
eine Nebenstrecke.
Du, Herr, bist ein geduldiger Reisender.
Wir sind armselige, graue Bahnhofsgebäude
letzter Klasse.
Man sieht es uns nicht an,
daß wir zu einer himmlischen Eisenbahn
gehören.

Alfred Müller-Felsenburg

Liebe ist der Sinn füreinander.

Friedrich von Schlegel

Was muß ich tun, daß ich errettet werde? ... Glaube an den Herrn Jesus; und du wirst errettet werden, du und dein Haus.

Apostelgeschichte 16, 30–31

Endlich einer, der sagt:
„Selig die Armen!"
und nicht:
„Wer Geld hat, ist glücklich!"
Endlich einer, der sagt:
„Liebe deine Feinde!"
und nicht:
„Nieder mit den Konkurrenten!"
Endlich einer, der sagt:
„Selig, wenn man euch verfolgt!"
und nicht:
„Paßt euch jeder Lage an!"
Endlich einer, der sagt:
„Der Erste soll der Diener aller sein!"
und nicht:
„Zeige, wer du bist!"
Endlich einer, der sagt:
„Was nützt es dem Menschen,
wenn er die ganze Welt gewinnt!"
und nicht:
„Hauptsache vorwärtskommen!"
Endlich einer, der sagt:
„Wer an mich glaubt,
wird leben in Ewigkeit!"
und nicht: „Wer tot ist, ist tot!"

Martin Gutl

Der Weltenkönig aber wird uns, die wir um seiner Gesetze willen sterben, zu einem neuen Leben erwecken, das ewig währt.

2 Makkabäer 7, 9

Das wirkliche „Leben“, das ich leben muß, habe ich nicht vielen anderen vorgezogen, man gab es mir und sagte: „Leb es oder stirb.“
Und dennoch bin ich Christ, weil ich herausgefunden habe, daß Christus sich nicht geirrt hat, als er sagte: „Ich bin der Weg, die Wirklichkeit und das Leben.“ Natürlich ist Christus kein beliebiger „Weg“, keine beliebige „Wirklichkeit“ und auch kein beliebiges „Leben“.

Sergio Arce-Martinez

Jesus – nach wie vor:
Erster, Einziger, Großer, Gewaltiger!
Jesus:
Sohn im Schweigen.
Bruder im Zuhören.
Mann im Erdulden.
Vater im Zuneigen.

Alfred Müller-Felsenburg

Gott selbst aber kauft mein Leben los, da er mich den Krallen der Unterwelt entreißt.

Psalm 49, 16

Dieser Mensch Jesus ist der einzige, der mich Gott aushalten läßt, Gott und mein eigenes Leben. In ihm hat für mich die Welt Gottes wieder begonnen, die wir seit der Vertreibung aus dem Paradies verloren hatten. In ihm wird diese Welt und mein Leben wieder „sehr gut". Daß es ihn gegeben hat und daß es ihn weiter gibt, lebendig in seinem Wort und unter Brot und Wein, und daß wir auf ihn warten dürfen, als Ziel und Ende dieser unserer Welt, ist wirklich … der einzige Trost für mich geworden.

Heinrich Albertz

Nicht die Glycinie
ist's
sagt Gott
die mich
zu fesseln vermöchte
die Rebe ist es
und die Traube

Paul Claudel

Denn es bleibt uns die von Gott geschenkte Hoffnung, daß wir von ihm die Auferstehung erlangen.

2 Makkabäer 7, 14

Ich begriff, daß viele oder die meisten der Voraussetzungen, mit denen ich bisher an Kirche, an Theologie, an das Christentum herangegangen war, belanglos seien und daß es gelte, den Ausgangspunkt woanders zu suchen: am Kreuz des auf Golgatha Hingerichteten. Das löschte meine Vergangenheit nicht aus, aber es qualifizierte sie neu.

Gerhard Bassarak

Da vertrat ein Mann sehr kantige und markante Dinge; … Sein Einsatz dafür kostete ihm den Kopf. Aber was er wollte, überdauerte seinen Tod. Seine Anhänger, zuerst aus der Bahn geworfen, kamen von ihm nicht los und machten unter Berufung auf ihn weiter. Er blieb für sie eine Autorität, die nicht von außen, sondern von innen her ihr Denken und Trachten regierte.

Herbert Braun

Du hast ja Macht über Leben und Tod und führst hinab zu der Unterwelt Toren und wieder herauf.

Weisheit 16, 13

Für wahrhaftes Christsein steht die Person Jesu Christi im Mittelpunkt: Sein Leben und seine Lehre, sein Kreuztod und seine Auferstehung. Christsein bedeutet nicht nur den Glauben an Lehrsätze oder ein Lehrsystem, auch nicht an moralische Vorschriften, sondern konkret den Glauben an Christus, dessen Person eins ist mit seiner Lehre und seinem Werk.

Emerich Coreth

Von den historischen Personen, die für mich wie für alle geschichtsbewußten nachdenklichen Zeitgenossen Bedeutung haben – ich nenne Moses, Buddha, die Dreiheit Sokrates, Plato, Aristoteles und eben Jesus von Nazareth, scheint mir dieser auf unvergleichbare Weise „einzigartig“ zu sein, uns alle anfordernd, uns allen geschickt, ein Wort an uns alle, das Wort – ein einmalig entscheidendes und auch scheidendes, aber auf Verbindung und Einheit zielendes geschichtliches Wort. Nur von ihm aus, ... öffnet sich mir der Blick auf das Unbegreifliche, auf den Grund der Welt.

Walter Dirks

Siehe, ich öffne eure Gräber und hole euch aus euren Grabstätten heraus als mein Volk. Ich bringe euch heim ins Land Israel.

Ezechiel 37, 12

Der mit dem neuen Himmel und einer neuen Erde schwangere Prophet ist … hinterrücks getötet worden. Man hat ihn ermordet, als er die Vision eines veränderten Lebens predigte. Und Jesus steht für seine Lehre ein mit seinem Fleische: Zur Überwindung der Realität wird sein Fleisch Hostie.

Danilo Dolci

Die Erfahrungen, die Jesus mit Gott gemacht hat und von denen er uns berichtet, ermutigen mich zu der Annahme, daß mein Verhältnis zu diesem Gott nicht zu einer Entfremdung von mir selbst, zu einer Entfremdung mit meinen Mitmenschen und mit meiner Umwelt führt, daß dieser Gott mich nicht vergewaltigen oder von außen her bestimmen will, sondern meine autonome Mündigkeit bejaht.

Norbert Greinacher

Deine Toten leben, meine Verstorbenen werden auferstehen, die Staubbewohner werden erwachen und frohlokken; denn Tau der Lichter ist dein Tau, die Erde wird Verblichene wieder gebären.

Isaias 26, 19

Ein Theologe des 12. Jahrhunderts sonnt sich im Beifall der Studenten, denen er soeben die Göttlichkeit des Christus glanzvoll demonstriert hat. In den Lärm hinein sagt er: „Jesulein, Jesulein, wie leicht könnte ich dich auch vernichten!" Es bedarf heute keines Professors, das Jesulein zu vernichten. Das gelingt jedermann mühelos ... Jesus hat eine schlechte Position.

Albert Görres

Liebe – das ist Allmacht konkret. Denn die Liebe fürchtet sich nicht vor ihrer eigenen Ohnmacht. Darin ist sie allmächtig. Ihre Ohnmacht erleben wir mehr als uns lieb ist. An ihre Allmacht glaube ich, weil sich in einem ohnmächtig Liebenden, im gekreuzigten Christus Gott selbst als die Liebe identifiziert hat. Das ist der neue, der unzweideutig gute Anfang, den Gott mit uns gemacht hat.

Eberhard Jüngel

Seht meinen Knecht, den ich erwählt habe, meinen Geliebten, an dem meine Seele Wohlgefallen hat. Ich will meinen Geist auf ihn legen; und er wird den Völkern das Recht verkünden.

Matthäus 12,18

Von Jesus her konnte Gott ganz anders verstanden werden, wurde offenbar, wer und wie Gott ist, zeigte Gott sein wahres Gesicht. Und zugleich wird verständlich: Von Gott her konnte jetzt auch Jesus ganz anders verstanden werden. Und wie man schon damals von Jesus nicht sprechen konnte, ohne von diesem Gott und Vater zu sprechen, so war es in der Folge unmöglich, von diesem Gott und Vater zu sprechen, ohne von Jesus zu sprechen. Wie man mit Jesus umging, entschied darüber, wie man zu Gott steht, wofür man Gott hält, welchen Gott man hat …
Der wahre Mensch Jesus von Nazareth ist so für die Glaubenden von heute … des einen Gottes wirkliche Offenbarung und in diesem Sinn sein Wort, sein Abbild, sein Sohn.

Hans Küng

Woher hat er diese Weisheit und die Wunder? Ist er nicht des Zimmermanns Sohn? Heißt nicht seine Mutter Maria? … Woher hat er dies alles?

Matthäus 13, 56–58

Er ist die Wahrheit.
Suche ihn im Königreich Angst.
Du wirst zu einer großen Stadt kommen,
die deine Rückkehr erwartet
seit Jahren.

Wystan Hugh Auden

Ich bin Christ (geblieben, erst recht geworden), weil mich der Gekreuzigte erlöst vom Alptraum eines metaphysischen Gottesgötzen, der Allmacht heißt und angeblich ein Über-Mensch, Über-Herrscher, Über-Ich, Über-Wir sein soll.

Kurt Marti

Wahrlich, du bist Gottes Sohn!

Matthäus 14, 33

Nachfolge Jesu ist nicht Imitation oder Bewunderung, sondern ein Sicheinlassen auf neue Situationen in seinem „Geist" und in seiner „Richtung".

Johann Baptist Metz

Gott ist für mich; ich bin sein Kind. Christus ist bei mir; ich bin sein Bruder. Ob ich nun stärker glaube oder eher zweifle, ob ich mich als Christ oder als Nichtchrist erfahre, ob ich mich in einer dunklen Nacht finde oder am Anbruch eines neuen Tages des Lebens – ich weiß, da ist einer, der wartet auf mich, der gibt mich nicht auf, der geht mir voran, der hebt mich auf, dem bin ich wichtig.

Jürgen Moltmann

Der Menschensohn wird den Händen der Menschen überliefert werden; und sie werden ihn töten; am dritten Tage aber wird er auferweckt werden.

Matthäus 17, 22–23

Je mehr ich die Gegenwart Gottes im Leiden und Sterben Jesu ernst nehmen mußte, desto tiefer mußte ich umgekehrt nach der Gegenwart des Leidens und Sterbens Jesu in Gott fragen ... Ich fand ... vom Kreuz Christi her den Zugang zum Geheimnis der inneren Leidenschaft Gottes: „Gott ist die Liebe." Ich fand vom Kreuz Christi her einen Zugang zum trinitarischen Leben Gottes ... Am Kreuz Christi unterscheidet sich Gott von sich selbst. Er gibt sich selbst dahin, um bis in die Gottverlassenheit hinein der unsere und bei uns zu sein. Auch in dieser „Hölle" bist Du da. Das ist die göttliche Wahrheit des Verlassenheitsschreis Jesu.

Jürgen Moltmann

Wer nicht sein Kreuz nimmt und mir nachfolgt, ist meiner nicht wert … wer sein Leben um meinetwillen verliert, wird es finden.

Matthäus 10, 38–39

Und dennoch hat Jesus aus dem Ruf zur Entscheidung kein neues Gesetz gemacht, sondern er blieb der, der ein Angebot machen möchte, das Angebot, das das Geschenk der Nähe Gottes an die Stelle der Leistung setzt, mit der sich der Mensch vor Gott rechtfertigen und den Himmel verdienen will. Auch die Entscheidung für ihn selbst und die Nachfolge auf seinem Weg bleibt ein Geschenk für den, der „geistlich arm" ist, der nichts mehr von sich selbst erwartet, sondern sein Leben und seine Zukunft allein auf Gott setzt …

Dort, wo in unserer Welt Menschen von dem Geist Jesu, von dem Geist seines Vertrauens, seines Gehorsams und seiner Liebe ergriffen werden und ihr Leben unter das Zeichen seines Kreuzes stellen, bricht die Kraft des neuen Lebens auf.

Elisabeth Pasewaldt

Ihr aber werdet den Menschensohn sehen, sitzend zur Rechten der Kraft und kommend aus den Wolken des Himmels.

Markus 14, 62

Überall ist der Himmel
Christus ging von hinnen.
Eine Wolke nahm ihn fort.
Und wir Menschen sinnen,
suchen Gottes neuen Ort.
In allen Menschenseelen
finden wir ihn vor,
wo sich Leute quälen,
öffnet er das Tor.

Einmal kehrt er wieder.
Dann werden wir ihn seh'n.
Einmal klingen Lieder
herab von allen Höh'n!
Niemand wird mehr weinen,
krank, böse, einsam sein.
Nirgendwo, bei keinem
tritt der Tod noch ein.

Überall ist der Himmel!
Überall ist Gott zu Haus!
Überall wohnt Jesus!
Überall streckt er die Hände aus!

Alfred Müller-Felsenburg

Dieser wird groß sein und Sohn des Allerhöchsten genannt werden; Gott, der Herr, wird ihm den Thron seines Vaters David geben; und er wird herrschen über das Haus Jakob ewiglich; und seines Reiches wird kein Ende sein.

Lukas 1, 32–33

Herr Jesus Christus, wir rufen dich an.
Als Mensch bist du aller Menschen Erlöser,
als Mensch bist du einzig in Gott allmächtig.
Komm zu uns: schonend, erbarmend, verzeihend.
Das Herz nur wünsche, was du erfüllst,
der Mund nur spreche, was du erhörst,
die Hand nur tue, was du dann segnest.

Westgotische Liturgie

Was sollte ich in einer Kirche, wenn ich ihren Glauben nicht teile, wenn ich nicht mit ihr bekenne, daß Christus, Gottes Sohn, in die Welt gekommen ist, um die Menschen mit ihm zu versöhnen! Christsein heißt eben: an Christus und durch ihn an Gott glauben …

Kurt Sontheimer

April

Aprill bin ich genandt
Die reben ich beschneyd durch das landt
In disem monat nym dich an
Das du lassest zu der median

Ein Schiff, das sich Gemeinde nennt

Siehe, das ist mein Bund mit dir:
Du wirst zum Vater einer Völkermenge werden.

Genesis 17,4

Nicht die Zahl der Gläubigen macht die Gemeinde stark, sondern die Kraft des Glaubens.
Das geistige Leben lernt man nicht in der Masse, selbst wenn dort eine außergewöhnlich innere Sammlung herrscht. Es kann sich nur in einer Gemeinschaft von Dauer verwirklichen, in der tiefgehende menschliche Beziehungen wirklich möglich sind. Unter diesen Bedingungen kann im Laufe der Jahre das geistige Leben weitergegeben oder wenigstens geweckt werden.

Marcel Legaut

Diesem Ziel allein möchte die Kirche dienen: Jeder Mensch soll Christus finden können, damit Christus jeden einzelnen auf seinem Weg begleiten kann …

Papst Johannes Paul II.
(Enzyklika „Redemptor hominis")

Und sehr fruchtbar will ich dich machen; zu Völkern will ich dich werden lassen; und Könige werden aus dir hervorgehen.

Genesis 17, 6

Christus lehrt uns, daß der beste Gebrauch der Freiheit die Liebe ist, die sich in der Hingabe und im Dienst verwirklicht ... Die Kirche schöpft daraus unaufhörlich ihre Anregungen, die Einladung und den Anstoß zu ihrer Sendung und zu ihrem Dienst unter den Menschen.

Papst Johannes Paul II.
(Enzyklika „Redemptor hominis")

Herr Jesus Christus, wir danken dir, daß du uns berufen hast, dein Volk zu sein. Laß es deiner Kirche nicht an Menschen fehlen, die für den Aufbau und Zusammenhalt deiner Gemeinden Sorge tragen, bis du wiederkommst.

aus „Gotteslob"

Errichten will ich meinen Bund zwischen mir und dir und deiner Nachkommenschaft in ihren Geschlechtern. Ein immerwährender Bund soll es sein; für dich und deine Nachkommen will ich Gott sein.

Genesis 17, 7

Das kräftigste Gebet, allmächtig fast, alle Dinge zu erwerben, und ebenso unter allen das wertvollste Werk, ist solches, das hervorgeht aus einem ledigen Gemüte. Je lediger dieses, desto kräftiger, näher und vollkommener. So inbrünstig, so mit allen Fasern Leibes und der Seele muß man beten, daß man fühlt, eins zu werden mit Dem, zu Dem man betet, mit Gott.

Meister Eckhart

KIRCHE: ARCHE GOTTES
Unaufhaltsame Wasser
lassen kaum noch Raum.
Wogen des Unheils
überspülen uns.

Aber die Arche Zuflucht
steht bereit.
Der Bund Gottes
erneuert sich
in stets wiederkehrenden Farben
des Regenbogens

Alfred Müller-Felsenburg

Ich bin der allmächtige Gott; wandle vor mir, und sei ungeteilt mit mir!

Genesis 17, 1

Gott ruft sein Volk zusammen rings auf dem Erdenrund,
eint uns in Christi Namen zu einem neuen Bund.

Friedrich Dörr

Das Reich Gottes, das in Christus geheimnisvolle Gegenwart ist, dessen Schlüssel die Kirche hütet, ist aber der verborgene Angelpunkt der Weltgeschichte überhaupt.

Josef Pieper/Heinz Raskop

Aus Christus entstand ein neues Volk, zu dem die ganze Menschheit gerufen ist. Rasse und Herkunft spielen dabei keine Rolle, sondern in erster Linie das Bewußtsein eigener Unvollkommenheit und die Bereitschaft, das Reich Gottes zu empfangen.

Holländischer Katechismus

Du aber sollst meinen Bund halten, du und deine Nachkommenschaft!

Genesis 17, 9

Ein Mensch ohne Gemeinschaft
ist wie eine Blume
ohne Licht und Wasser:
Sie verliert ihre Frische,
verblüht,
verwelkt,
verdorrt.
Man kennt sie nicht wieder.

Aus „Mitten unter euch"

Jesus sagt: Ihr seid meine Freunde, wenn ihr tut, was ich euch auftrage. Ich nenne euch nicht mehr Knechte; denn der Knecht weiß nicht, was der Herr tut; euch aber habe ich Freunde genannt, weil ich alles, was ich von meinem Vater hörte, euch kundgetan habe.

Johannes 15, 14–15

Ich bin Gott, der Gott deines Vaters!

Genesis 46, 3

Berufung, das kennzeichnet zugleich das Menschenbild und das Gottesbild christlichen Glaubens, und nur von hier aus vermag der Mensch über die Bedrohungen seines Ich und seiner Zukunft durch die Sinnlosigkeit hinauszuwachsen.

Klaus Hemmerle

Durch seinen liebenden Anruf macht Gott den Menschen zur Person, aber in Achtung. Er schafft ihn nicht so wie Gestirne, Baum oder Tier, durch einfachen Befehl, sondern durch Anruf.

Romano Guardini

Einer für alle –
alle für einen.
Alle in einem Boot –
alle im Raumschiff Erde.

Aus „Kontakte“

Ihr sollt mir ein Königreich von Priestern und ein heiliges Volk sein!

Exodus 19, 6

Wenn heute manche Menschen nicht mehr zur Kirche finden, muß die Kirche sie aufsuchen. Wir müssen uns auch um diejenigen kümmern, die nur noch selten oder gar nicht mehr bei uns sind. Die Pastoral in unseren Industriestaaten muß heute von Grund auf missionarisch sein. Wir dürfen uns nicht mit der kleinen Herde begnügen, sondern müssen immer wieder alle einladen und um sie werben. Ihr folgt dabei dem Beispiel Christi, der für alle gestorben ist und keinen verlorengehen lassen will.

Papst Johannes Paul II.

telegramm vom 14.04.2014 – telegrammempfänger: bischof der heimatpfarrei in kenia/afrika
text:
– bin gut in deutschland angekommen – stop – finde katastrophale glaubenslage vor – stop – steril abgebrühte fertigbetonhöhlenmenschen – stop – vegetieren antriebslos – stop – mit vollgestopften bäuchen – stop – konsumgütergeblendet – stop – und wunschlos unglücklich dahin –
– ich nehme die herausforderung an – stop – brauche dazu allerdings dringend verstärkung – stop – um die sauregurkenzeit in ihren seelen – stop – zu beenden
absender: abgesandter der afrikanischen missionare

Peter Herrlein

Des Herrn Anteil wurde sein Volk.

Deuteronomium 32, 9

Mit seiner Auferstehung hat Christus die Zügel der Geschichte in seine Hand genommen.

Hermann Schäufele

Die Kirche schreitet in die Geschichte hinein … Geschichte ist keine ewige Wiederkehr ohne Ende, auch kein schicksalhafter Drang in schwarze Vernichtung. Die Menschheit geht einer Begegnung in Liebe entgegen.

Holländischer Katechismus

Die Kirche lebt nicht am Rande der Geschichte. Sie lebt im Herzen der Geschichte durch ihre freien, erwachsenen und verantwortlichen Laien.

Dom Helder Camara

Verzeihe deinem Volk die Schuld, wodurch es gegen dich fehlte, und alle seine Frevel, womit es sich gegen dich auflehnte. Laß es Barmherzigkeit finden bei seinen Bezwingern, daß sie sich seiner erbarmen.

1 Könige 8, 50

Kirche: Katakombe Gottes
Wenn aus dem Braun der Gemäuer und Gesichter sich stummer Schrei gequälter Kreatur entringt, wenn Sprachloses allein in Brunnenschächten vieler Augen angstvoll lauert, weil gekrümmter Zement des Wortes keine Häuser mehr baufest macht, da sie zerbröckeln unter dem Druck des Abgrunds und der Tiefe, dann – dann Gott, erbarme dich des Volkes, das händeringend in Nischen der Dunkelheit bei den Toten weilt, um das Ende zu erwarten. Siehe die Phalanx der Leiber!
Gebildet, um des Schmerzes gemeinsam Herr zu werden.
Fege die Schleier der Angst von ummantelten Mündern!
Wende Tiefe zu Höhe und Ferne zu Weite!
Verblase den Horizont des Braun' zum Azur einer unendlichen Kuppel!

Alfred Müller-Felsenburg

Holt den Menschen vom Kreuz!

Aus „Kontakte"

Wir aber sind dein Volk, die Schafe deiner Weide.

Psalm 79, 13

Als Christen haben wir zunächst die Kirche angetroffen. Die Kirche hat uns Jesus offenbart, und Jesus hat uns den Vater offenbart. Diesem Wege folgen wir Schritt für Schritt. Für uns ist Christus jemand, der mit uns lebt; der in dieser Kirche seit zwanzig Jahrhunderten lebt, der ihr den Atem einhaucht; der jene ganze Blüte der Heiligkeit hervorbringt, die die lange Geschichte der Kirche zu einem Spiel von Schatten und Licht gemacht hat.

Léon-Joseph Suenens

Stellt euch ganz unter den Einfluß Jesu, damit er seine Gedanken mit eurem Verstand denken, sein Werk durch eure Hände verrichten kann; denn mit ihm, der euch seine Kraft gibt, werdet ihr alles tun können.

Mutter Teresa

Ich habe in meinem Leben viele gute und kluge Bücher gelesen. Aber ich habe in ihnen allen nicht gefunden, was mein Herz so still und froh gemacht hätte wie die vier Worte aus dem 23. Psalm: „Du bist bei mir."

Immanuel Kant

Gerechtigkeit erhöht ein Volk,
doch Sünde ist die Schmach der Völker.

Sprüche 14, 34

Das Böse ist eine Realität. Es verfolgt dich. Es lauert dir auf. Früher oder später mußt du dich mit ihm auseinandersetzen, ihm die Stirn bieten.

Morris L. West

Letzter Sinn der Offenbarung ist die Offenbarung der Herrlichkeit Gottes durch das Herausrufen des Menschen aus der Welt in das Leben Gottes, der sein persönliches Leben als der über alle Welt Erhabene, als der Dreipersönliche in einem unzugänglichen Licht führt. Dadurch tritt Gott dem Menschen unmittelbar gegenüber mit einer Forderung und einem Ruf, die den Menschen aus seiner von der Natur vorgezeichneten Bahn, die im Horizont der Welt verlaufen, herausschleudern.

Karl Rahner

Wie nämlich das Wort Gottes unsere Natur gebrauchen wollte, um durch seine Schmerzen und Pein die Menschen zu erlösen, so gebraucht es ähnlicherweise im Laufe der Jahrhunderte die Kirche, um dem begonnenen Werk Dauer zu verleihen.

Papst Pius XII.

Höret auf meine Stimme, so will ich euer Gott sein; und ihr sollt mein Volk sein; wandelt ganz den Weg, den ich euch gebiete, damit es euch wohlergehe!

Jeremias 7, 23

Ein Schiff, das sich Gemeinde nennt,
fährt durch das Meer der Zeit.
Das Ziel, das ihm die Richtung weist,
heißt Gottes Ewigkeit.
Das Schiff, es fährt vom Sturm bedroht,
durch Angst, Not und Gefahr,
Verzweiflung, Hoffnung, Kampf und Sieg,
so fährt es Jahr um Jahr.
Und immer wieder fragt man sich:
wird denn das Schiff bestehn?
Erreicht es wohl das große Ziel?
Wird es nicht untergehn?

Bleibe bei uns, Herr,
bleibe bei uns, Herr,
denn sonst sind wir allein
auf der Fahrt durch das Meer.
O bleibe bei uns, Herr!

Martin G. Schneider

Dann werden sie erkennen, daß ich, der Herr, ihr Gott bin und daß sie, das Haus Israel, mein Volk sind.

Ezechiel 34, 30

Die … Kirche ist ihrem Wesen nach übernational. Die Kirche ist Mutter, Sancta Mater Ecclesia, wahre Mutter, Mutter aller Nationen und aller Völker nicht weniger als aller einzelnen Menschen … Die Kirche verbindet alle Zonen und Zeiten der erlösten Menschheit ohne Ausnahme.

Papst Pius XII.

Seit der Menschwerdung Gottes gibt es im Grunde keine Nationalgeschichte mehr, sondern ein Volk hat in dem Maße Geschichte, wie es Christentum hat.

Sigismund von Radecki

Ich habe noch Gebete, denen die Flur lauscht, ich weiß noch, wie man die Gewitter fromm macht und das Wasser segnet.

Gertrud von Le Fort

Ich werde sagen: „Dies ist mein Volk!“; und dieses wird sagen: „Der Herr ist mein Gott!“

Zacharias 13, 9

Kirche: Zelt Gottes
Wind peitschte den Sand der Zeit
in Münder, Augen und Ohren der Israeliten.
Sie glaubten nicht mehr, daß Wüste je endet.
Gelobtes Land hinter dem Firmament *endlos?*

Der Herr ließ sich nieder.
Mitten unter ihnen:
Zeltbewohner! Nomade!
Ihnen gleich.
Wegbereiter bei Tag und Nacht.
Kirche: Zelt in den Dünen der Jahrhunderte.
Tröstlicher Schutz vor dem Samum der Bosheit.
Der Weg ist das Ziel!
Gott: Unser Zelt!

Alfred Müller-Felsenburg

Ich trage noch im Schoße die Geheimnisse der Wüste, ich trage noch auf meinem Haupt das edle Gespinst grauer Denker.

Getrud von Le Fort

Seid mir also heilig; denn ich, der Herr, bin heilig; ich habe euch auserwählt aus den Völkern, damit ihr mir gehört!

Leviticus 20, 26

In der Kirche gibt es unzählige Arten, Gutes zu tun, aber die verdienstvollste ist es, den Glauben zu verbreiten.

Josef Freinademetz

Kann die christliche Botschaft die Welt verändern? Sie hat die Welt verändert – das ist eine geschichtliche Tatsache. Aber sie hat die Welt nicht tief genug verändert – das ist die Schuld der Christenheit. Doch sie wird die Welt erneut verändern – das ist die Hoffnung, deren Grund Jesus Christus selber ist. „Siehe, ich mache alles neu!" (Offenbarung 21, 5)

Hans Küng

Denn ich bin die Mutter aller Kinder dieser Erde:
was schmähest du mich, Welt, daß ich groß
sein darf wie mein himmlischer Vater?

Gertrud von Le Fort

So erkenne denn heute und beherzige, daß nur der Herr Gott ist im Himmel droben und unten auf Erden, sonst aber niemand.
Halte auch seine Satzungen und Gebote, damit es dir und deinen Kindern wohlergehe und du lange lebest in dem Lande, das der Herr, dein Gott, dir geben wird für alle Zeit.

Deuteronomium 4, 39–40

Wir können nie und nimmer die Seelen retten, wenn wir die Völker schutzlos der Unterdrückung überlassen. Eindeutig müssen wir unseren Platz beziehen an der Seite der Mühseligen und Beladenen.

Fritz Hochwälder

Es ist ein Ruhm für die Gesellschaft Jesu, daß sie zum erstenmal der Welt gezeigt hat, wie eine Verbindung von Religion und Menschlichkeit möglich sei.

Charles Baron de Montesquieu

Denn ein dem Herrn, deinem Gott, geweihtes Volk bist du; dich hat der Herr, dein Gott, erwählt, damit du von allen Völkern auf dem Erdboden zu seinem Eigentum werdest.

Deuteronomium 7, 6

Je enger Christen aus verschiedenen Traditionen zusammenleben, je intensiver Menschen sich an Jesus orientieren wollen, je mehr sie die gleiche Heilige Schrift lesen, das gleiche Glaubensbekenntnis und dieselben Gebete und Lieder gebrauchen, um so mehr erfahren sie die Gemeinsamkeit ihres Glaubens.

Aus den Beschlüssen der Gemeinsamen Synode der Bistümer, Würzburg 1974

Wort Jesu:
Vater! Alle, die an mich glauben – sollen vollkommen eins sein, damit die Welt erkennt, daß du mich gesandt hast und die Meinen ebenso geliebt hast wie mich.

Johannes 17, 20, 23

Ich weiß kein Lob für euch; denn eure Zusammenkünfte gereichen nicht zum Segen, sondern zum Schaden. Fürs erste nämlich höre ich, daß es Spaltungen unter euch gibt.

Nach 1 Korinther 11, 17

Das Schiff, das sich Gemeinde nennt,
liegt oft im Hafen fest,
weil sich's in Sicherheit und Ruh'
bequemer leben läßt.
Man sonnt sich gern im alten Glanz vergangner Herrlichkeit,
und ist doch heute für den Ruf zur Ausfahrt nicht bereit.
Doch wer Gefahr und Leiden scheut,
erlebt von Gott nicht viel.
Nur wer das Wagnis auf sich nimmt,
erreicht das große Ziel!

Martin G. Schneider

Wenn man Sie einsperren wollte, weil Sie ein Christ sind – gäbe es genug Beweise, um Sie zu überführen?

David Otis Fuller

Liebe Kirche!
Ich frage: Wo bist Du; wer bist Du; was willst Du? Und was tust Du? Was sagst Du von Deiner Zukunft? Oder stimmt doch, was ich hörte: Die Kirche hat in den Kirchen, wenn es so weiter geht, bald nichts mehr zu sagen?

Hubert Wurz

Verachtet ihr die Gemeinde Gottes und beschämt jene, die nichts haben? Soll ich euch loben? Hierin lobe ich euch nicht!

Nach 1 Korinther 11, 22

Mitgelesen in einem Pfarrbrief
Praxis des „Miteinanders":

mit Ehrerbietung einander zuvorkommen (Röm 12, 10)
Einmütigkeit untereinander suchen (Röm 12, 16)
einander annehmen (Röm 15, 7)
einander zurechtweisen (Röm 15, 14)
einander mit heiligem Kuß grüßen (Röm 16, 16)
aufeinander warten (1 Kor 11, 33)
einträchtig füreinander sorgen (1 Kor 12, 25)
einander die Lasten tragen (Gal 6, 2)
einander trösten (1 Thess 5, 11)
einander erbauen (1 Thess 5, 11)
in Frieden miteinander leben (1 Thess 5, 13)
einander Gutes tun (1 Thess 5, 15)
einander in Liebe ertragen (Eph 4, 2)
gütig und barmherzig zueinander sein (Eph 4, 32)
sich einander unterordnen (Eph 5, 21)
einander verzeihen (Kol 3, 13)
einander die Sünden bekennen (Jak 5, 16)
füreinander beten (Jak 5, 16)
einander von Herzen lieben (1 Petr 1, 22)
gastfreundlich zueinander sein (1 Petr 4, 9)
einander in Demut begegnen (1 Petr 5, 5)
miteinander Gemeinschaft haben (1 Joh 1,7)

So sollt ihr im Eifer für Gaben des Geistes danach streben, an ihnen reich zu sein zur Erbauung der Gemeinde.

1 Korinther 14, 12

Darum wolle ja niemand unter uns sich für weise halten, wo er es nicht ist, niemand sich zum größten Nachteil des gemeinen Wesens an einen Platz drängen, den er nicht auszufüllen vermag.

Friedrich Ernst Daniel Schleiermacher

Es soll niemandem ein Amt aufgetragen werden, der sich nicht dafür hinlänglich qualifiziert und Proben seiner Geschicklichkeit abgelegt hat.

Allgemeines Landrecht für die preußischen Staaten

Es ist Unrecht, den Einzelmenschen das zu entreißen und der Gemeinschaft zuzuweisen, was sie aus eigener Kraft und eigenem Fleiß fertigbringen können – und in genau der gleichen Weise ist es Unrecht, schwere Schädigung sowie Umsturz rechter Ordnung, das auf den größeren und übergeordneten Verband zu übertragen, was von kleinen und schwächeren Gemeinschaften bewirkt und vollbracht werden kann.

Papst Pius XI. (Enzyklika „Quadragesimo anno")

Ist aber niemand zum Auslegen da, so schweige man in der Versammlung; man spreche zu sich selbst oder zu Gott.

1 Korinther 14, 28

Alles stehe im Dienst –
und wo es nicht im Dienst steht, steht es im Raub.

Martin Luther

Handle so, daß die Maxime deines Willens jederzeit zugleich als Prinzip einer allgemeinen Gesetzgebung gelten könnte.

Immanuel Kant

Ich schlief und träumte,
das Leben sei Freude.
Ich erwachte und sah,
das Leben war Pflicht.
Ich arbeitete und siehe:
die Pflicht war Freude.

Rabindranath Tagore

Und ich sage dir: Du bist Petrus; und auf diesen Felsen will ich meine Kirche bauen; und die Pforten der Unterwelt werden sie nicht überwältigen.

Matthäus 16, 18

Verkünde das Wort, tritt dafür ein, ob man es hören will oder nicht; weise zurecht, tadle, belehre, ermahne, in unermüdlicher und geduldiger Belehrung. Denn es wird eine Zeit kommen, in der man die gesunde Lehre nicht erträgt, sondern sich nach eigenen Wünschen immer neue Lehrer sucht, die den Ohren schmeicheln; und man wird der Wahrheit nicht mehr Gehör schenken, sondern sich Fabeleien zuwenden. Du aber sei in allem nüchtern, ertrage das Leiden, verkünde das Evangelium, erfülle treu deinen Dienst!

2 Timotheus 4, 2–5

Ich war die Sehnsucht aller Zeiten, ich war das Licht aller Zeiten, ich bin die Fülle der Zeiten.
Ich bin ihr großes Zusammen, ich bin ihr ewiges Einig.
Ich bin die Straße aller ihrer Straßen: auf mir ziehen die Jahrtausende zu Gott!

Gertrud von Le Fort

Die aber versprengt wurden, zogen durchs Land und verkündeten die Botschaft des Wortes Gottes.

Apostelgeschichte 8, 4

Wir dürfen das Erbe unseres Glaubens nicht verschleudern ... Vielleicht suchen sich Gottes Wort und sein Heilshandeln neue Zugänge. Was aber an uns liegt, das müssen wir tun, damit die Kette nicht abreißt und der Glaube erwacht in den Herzen der Menschen.

Otto Betz

Freiheit, gelebte Menschlichkeit, Verantwortlichkeit werden „aber nur verstanden und gewollt werden, wenn aus der Kirche wieder erfüllte Menschen kommen ... Die erfüllten Menschen, nicht die heilsängstlichen oder pfarrerhörigen Karikaturen ... Ob die Kirchen den erfüllten, den von göttlichen Kräften erfüllten, schöpferischen Menschen noch einmal aus sich entlassen, das ist ihr Schicksal, ... denen es nur um eines geht: im Namen Gottes zu helfen und zu heilen.«

Nach Alfred Delp/Otto Betz

Diejenigen, die über das Göttliche nicht gut reden, muß man nicht belehren, sondern bessern.

Platon

Denn in einem Geist sind wir alle zu einem Leib getauft, ob Juden oder Hellenen, ob Knechte oder Freie, und alle sind wir mit einem Geist getränkt.

1 Korinther 12, 13

Kirche: Basilika Gottes
Königliche Halle!
Prachtvolle Decken und Böden färben Stimmen leiser.
Menschen knien.
Gebärden der Ehrfurcht gelten dem,
der da ist und war und sein wird,
während das Wort des Geistes
aus den Fenstern glüht
und auf Geladene zuschwingt.

Aber der Sohn umfaßt
die Stillen, Ängstlichen, Gebannten,
geleitet sie sorgsam und zärtlich zum gedeckten Tisch.
Raum der Speise und des Trankes!
Das Fest beginnt und endet niemals!
Über die kostbaren Marmorstufen strömen die Armen herein:
Menschen, Kinder Gottes!

Alfred Müller-Felsenburg

Die Religion ist es gewesen, die der Menschheit zu einem Fortschritt auf allen Gebieten verholfen hat.

Albert Einstein

Denn der Leib ist nicht ein einziges Glied, sondern besteht aus vielen.

1 Korinther 12, 14

Im Schiff, das sich Gemeinde nennt, muß eine Mannschaft sein,
sonst ist man auf der weiten Fahrt verloren und allein.
Ein jeder stehe, wo er steht und tue seine Pflicht,
wenn er sein' Teil nicht treu erfüllt, gelingt das Ganze nicht.
Und was die Mannschaft auf dem Schiff ganz fest zusammenschweißt
in Glaube, Hoffnung, Zuversicht, ist Gottes guter Geist.

Martin G. Schneider

Dafür soll die Kirche als die Gemeinschaft der an Christus Glaubenden sich aktiv einsetzen, in ihrer Verkündigung und in der helfenden Tat. Dies soll sie aber vor allem in sich selbst realisieren dadurch, daß sie in einer Solidarität der Liebe die Ungleichen zusammenführt: die Gebildeten und die Ungebildeten, die Weißen und die Schwarzen, die Männer und die Frauen, die Reichen und die Armen, die Hohen und die Niedrigen.

Hans Küng

Ihr aber seid Christi Leib und im einzelnen Glieder; und die einen bestimmte Gott in der Kirche, erstens zu Aposteln, zweitens zu Propheten, drittens zu Lehrern, dann für Wunderkräfte, ferner für Gaben der Heilung, zu Dienstleistungen, zur Amtsführung …

1 Korinther 12, 27

Soll ich mein letztes End
und ersten Anfang finden,
so muß ich mich in Gott
und Gott in mir ergründen
und werden das, was er:
ich muß ein Schein im Schein,
ich muß ein Wort im Wort,
ein Gott im Gotte sein.

Angelus Silesius

Jeder Vogel pfeift seine eigene Melodie.

Sprichwort

Bemüht euch um die vorzüglicheren Gaben. Und auch noch darüber hinaus will ich euch einen Weg zeigen.

1 Korinther 12, 30

Meine vornehmste Lebensaufgabe ist, dich, Vater, allmächtiger Gott, in jedem Wort und in jedem Gedanken auszusprechen. Herrlicher kann ich die Sprache, die du mir geschenkt hast, nicht gebrauchen, als daß ich dich verkünde, daß ich vor der Welt, die dich nicht kennen will, dich als den Vater bezeuge. Dies ist mein Verlangen. Um deine Hilfe und dein Erbarmen kann ich nur bitten.

Hilarius von Poitiers

Ich bitte dich, Herr,
um die große Kraft,
diesen kleinen Tag zu bestehn,
um auf dem großen Wege zu dir
einen kleinen Schritt weiterzugehn.

Ernst Ginsberg

Der uns einst verfolgte, verkündet jetzt den Glauben, den er zuvor vernichten wollte.

Galater 1, 23

Christum predigen ist gar ein schwer und gefährlich Amt. Hätt ich's etwan gewußt, so wollt ich mich nimmermehr dazu hergeben haben, sondern gesagt mit Mose: Sende, wen Du willst!

Martin Luther

Es ist so schwer, ein Christ zu sein!
Wenn aber zu des Heilands Lehren
Papst, Abt und Probst Exempel wären,
die Seelen hell, die Herzen rein,
dann wär's so leicht, ein Christ zu sein.

Johann Wilhelm Ludwig Gleim

Wer irgendeinen Begriff davon hat, in welcher ungeheuern Ausdehnung der Glaube an die Dogmen der christlichen Offenbarung dem jüngeren Geschlecht geschwunden ist, der kann nur mit schwerer Sorge beobachten, wie gedankenlos, wie träge, ja wie verlegen Tausende einem Lippenglauben huldigen, der ihrem Herzen fremd geworden ist.

Heinrich von Treitschke

Und neu sollt ihr werden in Geist und Gesinnung.

Epheser 4, 23

Wir suchen eine Kirche, die ein Ort der Gemeinschaft, des Hörens und der Begegnung für alle Menschen ist. Wir wollen aus unserem Haus eine Stätte der Freundschaft machen, wo Menschen jeder politischen oder jeder anderen Überzeugung, Menschen aus jedem Milieu, einander verstehen lernen, und versuchen, sich miteinander zu versöhnen, indem sie gemeinsam nach einem Ausdruck der Liebe und des Glaubens im Alltag streben.

Aus dem Bericht einer Taizé-Gruppe von Marseille

Schenke mir, Gott, einen Besen,
damit ich,
zornig
über die
schlechte
Welt,
kehren kann –
lächelnd
vor meiner Haustür.

Plakat Nr. 488 der action 365

Mir steht das Motto aus dem Sophokles über meinem ganzen Lebenswerk. Nicht mitzuhassen, mitzulieben bin ich da.

Wilhelm Raabe

Alles legte er ihm unter die Füße; und ihn bestimmte er zum alles überragenden Haupt für die Kirche, die sein Leib ist, die volle Gestalt dessen, der alles in allem erfüllt.

Epheser 1, 22

Kirche: Schiff Gottes
Meere der Zukunft,
zerteilt vom Bug eines Schiffes,
das ferne Insel ansteuert.
Gestade der Hoffnung.
Vogel Verheißung
flattert über aufrechten Bäumen.
Passiflora umhüllen
das Kreuz des Mittags;
und der Ruch des Rosenhags
dringt in alle Sinnen.
Die Mannschaft refft die Segel.
Der Hafen Gottes nimmt sie auf!

Alfred Müller-Felsenburg

Mai

Hie kumm ich stoltzer May
Mit klugen plumen mangerlay
In disem monat man baden sol
Tantzen singen springen und leben wol

Siehe, ich bin eine Magd des Herrn;
mir geschehe nach Deinem Wort.
Lukas 1, 38

Siehe, von nun an werden mich seligpreisen alle Geschlechter. Großes tat an mir der Mächtige.

Lukas 1, 48–49

Westfälische Madonna

Ohn allen Prunk
thronst du mit deinem
Kinde unter uns;
und bist doch aller Hoheit voll.

Zu deines Kleides
strengen Falten
atmet unseres Landes Schwere,
die uns zur Erde zieht
mit unbegriffner Kraft.

Du ruhst in dir
und schließest in den Kreis
von Frieden, Güte, Liebe
ein dein Kind, das,
eng an dich geschmiegt,
noch dir gehört.

Du Mutter über allen Müttern,
dem Himmel angehörend,
bist der Erde nah
und ruhst in dir.

Richard Althaus

Öffne für den Stummen deinen Mund und für die Rechtsbelange aller Schwachen!

Sprüche 31, 8

EDITH STEIN
Die Kinder des *Auserwählten Volkes*
wurden *erwählt,*
das Martyrium zu leben.
Brennstoff furchtbarer Öfen.
Wer trieb die Frau,
doppelte Belastung zu ertragen?
Jüdin von Geburt! – Christin aus Berufung!
„Sei gegrüßt, Kreuz, einzige Hoffnung!"
Begreife, wer mag, dieses Sühneverlangen.
Hinter dem Schleier
der Schwester Teresia Benedicta a Cruce
pulst das Mysterium.

Alfred Müller-Felsenburg

Ihr sollt sein wie Fenster, durch das Gottes Liebe hindurchschimmern will. Die Scheibe darf nicht stumpf und schmutzig sein, sonst hindert ihr das Leuchten Gottes in der Welt.

Edith Stein

Auch wenn es noch Nacht ist, erhebt sie sich schon und reicht ihrem Hause die Speise.

Sprüche 31, 15

Angela von Merici
Du nahmst dich derer an,
denen die Sprache fehlte und der Mut mangelte,
sich auszudrücken.
Als du auf Kreta erblindetest,
kehrtest du nicht um.
Du sahst mit inneren Augen die Welt des Herrn.
Deiner zärtlichen Fürsorge vertrauten viele;
und so wurdest du zur Mutter
einer lebendigen Pädagogik,
deren Wurzeln Liebe heißen!

Alfred Müller-Felsenburg

Du bist Gottes Bote an die Menschen, wenn du so lebst, daß diese durch dich Gott näherkommen.

Angela von Merici

Auf sie kann vertrauen das Herz ihres Mannes; und nicht wird es mangeln an reichem Gewinn.

Sprüche 31, 11

Was die Frau will, will Gott!

Sprichwort aus Frankreich

Wer sich nach Licht sehnt, ist nicht lichtlos,
denn die Sehnsucht ist schon Licht.

Bettina von Arnim

Ich berufe mich auf unsern Herrn, der mich gesandt hat, auf unsere liebe Frau und auf alle gebenedeiten Heiligen des Paradieses. Ich meine, unser Herr und die Kirche sind eins …

Jeanne d'Arc

Ihre Hand reicht sie offen dem Elenden dar, ihre Arme hebt sie zum Dürftigen hin.

Sprüche 31, 20

Herr, laß deine Liebe walten über dem Werk deiner Hände, dem Menschen.
Du allein bist zu fürchten in deiner Allmacht.
Du allein bist zu wählen in deiner Liebe.
Du allein bist zu lieben in deiner Unwandelbarkeit.
Darum sollst du gelobt sein ohne Ende.

Birgitta von Schweden

Herr! schicke, was du willst,
Ein Liebes oder Leides;
Ich bin vergnügt, daß beides
Aus deinen Händen quillt.

Wollest mit Freuden
Und wollest mit Leiden
Mich nicht überschütten!
Doch in der Mitten
Liegt holdes Bescheiden.

Eduard Mörike

Sie gürtet mit Kraft ihre Lenden, und rüstig gebraucht sie die Arme.

Sprüche 31, 17

Wir dürfen nicht hoffen, eine bessere Welt zu bauen, ehe nicht die Individuen besser werden. In diesem Sinn soll jeder von uns an seiner eigenen Vervollkommnung arbeiten, indem er auf sich nimmt, was ihm im Lebensganzen der Menschheit an Verantwortlichkeit zukommt, und sich seiner Pflicht bewußt bleiben, denen zu helfen er am ehesten nützlich sein kann.

Marie Curie

Frauen erreichen alles, weil sie jene beherrschen, die alles beherrschen.

Sprichwort aus Frankreich

Spendet ihr Preis ob der Frucht ihrer Hände; es mögen sie rühmen im Tor ihrer Werke!

Sprüche 31, 31

Ich entschloß mich zu beten. Seither habe ich durch Lektüre und Reflexion Gott gefunden ... Aber indem ich betete, erfuhr ich im Glauben, daß Gott mich fand, daß er lebendige Wirklichkeit ist und daß man ihn lieben kann, wie man eine menschliche Person liebt."

Madeleine Delbrêl

Wenn wir in einer atheistischen Umwelt leben, stellt sie uns vor die Wahl: zu missionieren oder zu demissionieren.
Überall wo die Liebe Eingang fand, verwandelt sie unser Leben in Brennstoff.

Madeleine Delbrêl

Glück ist das einzige, was wir anderen geben können, ohne es selbst zu besitzen.

Carmen Sylva

Der Mann ist ein Kind der Zeit, die Frau ist ein Kind des Raumes.

Richard Graf von Coudenhove-Kalergi

Wo man am meisten fühlt, weiß man nicht viel zu sagen.

Annette von Droste-Hülshoff

Die Sonne senkt den goldnen Gnadenstab,
Und plötzlich steht der Friedensbogen da …

Annette von Droste-Hülshoff

Ich habe noch nie einer Seele gewehrt,
Deren Not ich vernommen:
Freunde und Feinde, die mich versehrt,
Seid willkommen.

Annette von Droste-Hülshoff

Ich muß damit rechnen, daß Gott um eine ganz andere Ecke kommt, als ich erwartet habe …
Offenbar muß man auf Gott setzen, auf die von ihm aus offene Zukunft, um jene Frage nach dem „Warum" und „Wieso" hinter sich zu lassen. Nur dann wird man begreifen können, daß Gott uns immer wieder durch konkrete Situationen in unserem Leben herausfordert, vor allem durch menschliche Begegnungen.

Marianne Dirks

Die Bösen haben kein Verständnis für das Recht, die aber suchen nach dem Herrn, verstehen alles.

Sprüche 28,5

Als eine Frau lesen lernte, trat die Frauenfrage in die Welt.

Marie von Ebner-Eschenbach

Man fordere nicht Wahrhaftigkeit von den Frauen, solange man sie in dem Glauben erzieht, ihr vornehmster Lebenszweck sei zu gefallen.

Marie von Ebner-Eschenbach

Wenn man nicht aufhören will, die Menschen zu lieben, darf man nicht aufhören, ihnen Gutes zu tun.

Marie von Ebner-Eschenbach

Man muß das Gute tun, damit es in der Welt sei.

Marie von Ebner-Eschenbach

Wenn man das Dasein als eine Aufgabe betrachtet, dann vermag man es immer zu ertragen.

Marie von Ebner-Eschenbach

Seine Mutter sagte zu den Dienern: „Was er euch sagt, das tut!"

Johannes 2, 5

Elisabeth von Thüringen
Das Mitleiden machte dich untauglich für höfisches Spiel.
Wer es wagt, Tabus der Herrschenden zu zerbrechen,
verfällt der Arroganz der Privilegierten.
Niemand kommt ungeschoren davon,
wenn er klassenlose Gesellschaft verwirklicht.
Elisabeth, wußtest du nicht,
daß Besitz geheiligt und Gleichberechtigung
der Unterdrückten mit den Unterdrückern
als Verbrechen geahndet wird?
Du jagtest einer Chimäre nach.
Es kümmert weder Christen noch Atheisten,
daß die Idee der Armut befreit.
Aber das Volk und Gott lieben dich!

Alfred Müller-Felsenburg

Elisabet sprach: „So hat an mir getan der Herr in jenen Tagen, da er herniedersah, um meine Schmach hinwegzunehmen unter den Menschen."

Lukas 1, 25

Sei getrost, Tochter! Dein Glaube hat dir geholfen."

Matthäus 9, 22

Jeden Tag
reift aus Mühen ein Traum
und eine neue Sonne
formt aus Steinen Brot.
Hungrig sind wir alle.

Gisela Flak

Du mein Schöpfer und Erlöser hast ... meinen widerspenstigen Sinn unter dein mildes Joch gebeugt. Von dieser Stunde an war meine Seele froh und im Frieden ...

Gertrud von Helfta

Die Frauen sind unserer Kindheit Stütze, unserer Jugend Freude, unseres Alters Trost.

Pietro Aretino

Eine tüchtige Frau – wer findet sie wohl? Weit über Korallen hinaus geht ihr Wert.

Sprüche 31, 10

In Wirklichkeit gibt es nur eine einzige Arznei gegen die Traurigkeit: den Dank.

Ida Friederike Görres

Immer wieder muß ich lesen
In dem alten frommen Buch,
Wie der Herr so gut gewesen
Und so ohne Haß und Trug.

Luise Hensel

Du, der vermag das Dunkel aufzuhellen,
der letzte,
der den Schmerz zum Schweigen bringen kann,
von Dir empfangen wir
den Helm der Hoffnung
und gehen hinaus
neu
jeden Morgen.

Hildegard Jahn-Reincke

Sie fühlt, wie ihr Wirken gedeiht, nicht erlischt in der Nacht ihre Lampe.

Sprüche 31, 18

Mein Wesen ist Feuer!

Katharina von Siena

Katharina von Siena

Temperamentvoll und hübsch, eigenwillig und eitel,
aber kompromißlos, wenn es um den Dienst für Gott ging.
Es brauchte lange Jahre, ehe du lerntest,
dich Ihm völlig unterzuordnen.
Den Emanzipierten aller Epochen warst du weit voraus.
Um preiswert an ein Kloster zu kommen,
ließest du dich gar von einem Notar küssen!
Auch gutes Essen verschmähtest du keineswegs.
Was wäre die Kirche, gesteuert von hilflosen Männern,
ohne dich geworden?
Deine Klugheit und Beständigkeit waren die Planken,
auf denen das Meer der Gefährdung
überquert werden konnte.
Gott war stets mit dir. Und du mit Ihm!

Alfred Müller-Felsenburg

Ein gutes Werk hat sie an mir getan.

Matthäus 26, 10

Nie hab' ich eine Arbeit kalt gemacht, sondern immer gewissermaßen mit meinem Blut. Das müssen die, die sie sehen, spüren.

Käthe Kollwitz

Auf der Welt lebt keiner vergebens, der die Bürde der anderen leichter gemacht hat.

Helen Keller

Der Optimismus ist die Harmonie zwischen dem Geiste des Menschen und dem verheißenden Geiste Gottes.

Helen Keller

Alles, auch das Liebste, muß man darangeben, sobald Gott es fordert.

Pauline von Mallinckrodt

Haus und Habe sind der Väter Erbe, jedoch vom Herrn ist eine kluge Frau.

Sprüche 19, 14

Wenn du an Gott glaubst, weil er existiert, mußt du ihm dein ganzes Leben zur Verfügung stellen.

Chiara Lubich

Die Welt bedarf der mütterlichen Frau; denn sie ist weithin ein armes, hilfloses Kind.

Gertrud von Le Fort

Alles Gute, Große und Schöne der Menschheit nimmt seinen Ursprung unzweifelhaft aus mütterlichem Einfluß.

Talmud

Die Frau ist nicht der schlechtere Mann, sondern der andere Mensch.

Hanna-Renate Laurien

Windbewegtes Bücken,
Woge, Schaum und Licht!
Ach, welch sphärisches Entzücken
nahm dem staubgebeugten Rücken
endlich sein Gewicht?

Elisabeth Langgässer

Maria behielt alle diese Worte und erwog sie in ihrem Herzen.

Lukas 2, 19

Es gibt kein Recht der Frau auf ein Kind, sondern es gibt nur das Recht des Kindes auf eine Mutter.

Gertrud von Le Fort

Fliegt der erste Morgenstrahl
Durch das stille Nebeltal,
Rauscht erwachend Wald und Hügel:
Wer da fliegen kann, nimmt Flügel!

Und sein Hütlein in die Luft
Wirft der Mensch vor Lust und ruft:
Hat Gesang doch auch noch Schwingen,
Nun, so will ich fröhlich singen!

Hinaus, o Mensch; weit in die Welt,
Bangt dir das Herz in krankem Mut;
Nichts ist so trüb in Nacht gestellt,
Der Morgen leicht macht's wieder gut.

Joseph Freiherr von Eichendorff

Wer seine Mutter ehrt, der ehrt den Herrn.

Jesus Sirach 3,6

Wollte Gott, die Großen dieser Welt folgten öfter dem Zuge des Herzens als der kalten, unbarmherzigen Vernunft. Es stände besser um der Menschheit Wohl.

Hl. Mathilde

MONIKA

Dein unablässiges Gebet, deine Tränen und dein Glauben riefen den Sohn zurück.
gewiß, du warst nicht ohne Schuld!
Als junges Mädchen verfielst du dem Alkohol.
Aber aus der Zisterne der Versuchung entkamst du,
um den Gipfel der Weisheit zu erklimmen.
Wie alle Mütter bekümmerte dich dein Sohn.
Dein Überschwang war nicht ungefährlich.
Doch deine Liebe überzeugte Gott.
Er ließ Augustinus nicht verkommen,
beugte sich zu dir hinab und tröstete dich!

Alfred Müller-Felsenburg

AUS „MUTTERNS HÄNDE“

Da stehn wa nu hier
und denn komm wir bei dir
und streicheln deine Hände.

Kurt Tucholsky

Zu Ehren kommt die liebenswürdige Frau.

Sprüche 11, 16

Herr, in Vereinigung mit der Liebe,
in der du auf Erden gewirkt hast
und immerfort wirkst,
gehe ich an die Arbeit zu deinem Lob
und zum Besten meiner Mitmenschen.
Du willst, daß ich tätig sei,
und hast gesagt:
Ohne mich könnt ihr nichts.
So bitte ich, daß mein Tun
gleich wie ein Tropfen im Strom vereinigt
und vollendet sei in deinem
unendlichen vollkommenen Werk.

Mechthild von Hackeborn

Das Wunder aller Wunder ist die Liebe.
Ich seh in allen Farben Blumen blühn.
Ich seh die Sonne neu an jedem Morgen.
Ich seh bei Nacht den Sternenhimmel glühn …

Mireille Mathieu

Die Jungfrau ist ein ewiges, weibliches Kind. Ein Mädchen, das nicht mehr wahrhaftes Kind ist, ist nicht mehr Jungfrau.

Novalis

Sie erweist ihm nur Gutes und niemals ein Leid an allen Tagen, solange sie lebt.

Sprüche 31, 12

Liebe darf nicht nur schenken und geben. Liebe muß tausendmal verzeihen.

Gertrud Maassen

Wo immer auch die Not in der gefährlichsten Art auftritt und die Hand des Todes beunruhigend nahe ist, kann man sicher sein, diese unvergleichliche Frau zu sehen. Ohne Übertreibung: Sie ist ein Schutzengel in diesen Hospitälern; und wenn ihre schlanke Gestalt lautlos durch die Korridore huscht, zieht über die Gesichter der armen Teufel ein Zug von Dankbarkeit …

Ein Freund über Florence Nightingale

Frauen, ihr Engel der Erde!
Des Himmels lieblichste Schöpfung!
Ihr seid der einzige Strahl,
der uns das Leben erhellt.

Alphonse de Lamartine

Seinen Schöpfer kränkt, wer verachtet seine Mutter.

Jesus Sirach 3, 16

Hast du die Mutter gesehen, wenn sie süßen Schlummer dem Liebling kauft mit eignem Schlaf
und für das träumende sorgt,
mit dem eigenen Leben ernährt die zitternde Flamme
und mit Sorge selbst sich für die Sorge belohnt?

Friedrich von Schiller

Was du deinen Eltern schuldig bist, weißt du erst, wenn du selber ein Kind hast.

Sprichwort aus Japan

Der Himmel ist zu Füßen der Mutter.

Sprichwort aus Persien

Halte nie ein Wort zur rechten Zeit zurück, und deine Weisheit sollst du nicht verbergen.

Jesus Sirach 4, 23

Die Frau spielt noch immer die Rolle, die ihr auf den Leib geschrieben wird.

Liselotte Rauner

Verwandle denn mein Herz zu einem kleinen Brot,
Es wird ein schwarzes sein mit bitteren Gewürzen.
Nur laß mich Deinem Mund das trübe Lächeln kürzen …

Ruth Schaumann

Goldstrahlen schießen übers Dach,
Die Hähne krähn den Morgen wach;
Nun einer hier, nun einer dort,
So kräht es nun von Ort zu Ort;
Und in der Ferne stirbt der Klang –
Ich höre nichts, ich horche lang'.
Ihr wackern Hähne, krähet doch!
Sie schlafen immer, immer noch.

Theodor Storm

Mädchen, ich sage dir, steh' auf!

Matthäus 5, 41

Vor der Hinrichtung:
Noch einmal sagte die Mutter, um irgendeinen Halt anzudeuten: „Gelt, Sophie, Jesus."
Ernst, fest und fast befehlend gab Sophie zurück: „Ja, aber du auch." Dann ging auch sie – frei, furchtlos, gelassen. Mit einem unaufhörlichen Lächeln im Gesicht.

Inge Scholl

Ich kann es nicht verstehen, daß heute ‚fromme' Leute fürchten um die Existenz Gottes, weil die Menschen seine Spuren mit Schwert und schändlichen Taten verfolgen. Als habe Gott nicht die Macht.

Sophie Scholl

Die letzten Worte der Bertha von Suttner, als sie am 21. Juni 1914 starb, lauteten: „Die Waffen nieder ... sagt es allen ... allen!"

Stärke und Hoheit sind ihr Gewand, sie spottet der drohenden Zukunft.

Sprüche 31, 25

Als es einmal sehr laut war
Ich mag dich
Leben
wenn du leise bist
und laubgrün
über dem Herzen
wenn die Bilder
museenstill
selber Geschichten
erfinden
wenn Regen
Briefe tropft
auf Wimpernzeilen
wenn Geigen
im Mutterleib
weinen
Ich mag dich Leben
wenn du leise bist

Renate Schmidt-V.

Sie öffnet zu Weisheitsreden den Mund,
und gütige Lehre erteilt ihre Zunge.

Sprüche 31, 26

Es ist das Glück guter Menschen,
daß sie durch ihr bloßes Dasein
einen Tempel um sich bauen,
in dem der Stumpfeste andächtig,
der Härteste weich wird.

Paul de Lagarde

Und dunkel groß erhob sich
das DU
Gebot des Gottes
Dem ich diene selbstvergessen.

Oda Schaefer

Und werden Tage ganz wie heute sein:
Die Gärten voll vom Dufte der Syringen,
Und weiße Wolken, die im Blauen ziehn,
Und junger Felder seidnes Ährengrün,
Und drüberhin ein endlos Lerchensingen!

Lulu von Strauß und Torney

Und nimmer genießt sie die Speise der Trägheit.

Sprüche 31, 27

Die Brache umbrechen,
Heißt Kräfte lossprechen,
Die Erde braucht Hände,
Zu lösen ihr Herz.

Ina Seidel

Der kennt den Ernst der Arbeit,
der im stillen
an schwerem Werke seine Kräfte maß.
Der kennt der Arbeit Glück,
der um der Arbeit willen
den Lohn der Arbeit ganz vergaß.

Frida Schanz

Der Lohn guter Werke ist wie Datteln: Spät reifend und süß.

Talmud

Viele der Töchter erzeigten sich tüchtig, du aber ragst über alle hinaus.

Sprüche 31, 29

… Wenn man aber nicht mehr jung ist, dann muß man sich vervollkommnen und trachten, durch gute Eigenschaften zurückzugewinnen, was man an angenehmen Eigenschaften verliert.

Marie Marquise de Sévigné

Das Genie hat kein Geschlecht.

Anna Louise Germaine de Staël

Bernadette Soubirous
Asthmatische Hilfsschülerin.
Die hämischen Blicke der Intelligenz
gleichen gefährlichen Waffen.
Du ließest dich nie beirren.
Der Zweig neigte sich unter dem Fuß der Unsichtbaren;
und die Kerzenflamme verletzte
deine Hand nicht.
Den Unmündigen …

Alfred Müller-Felsenburg

Trug ist die Anmut und nichtig die Schönheit.
Der Frau, die den Herrn fürchtet, ihr gebührt Lob.

Sprüche 31, 30

Gott, bewahr mich vor Heiligen mit verdrießlichen Mienen!

Teresa von Avila

Wenn Rebhuhn, dann Rebhuhn!
Wenn Buße, dann Buße!

Teresa von Avila

Haben Sie keine Angst, Gott zu sagen, daß Sie ihn lieben, selbst ohne es zu fühlen. Dies ist das Mittel, ihn zu zwingen ... Sie gleich einem Kinde zu tragen, das zu schwach ist, um gehen zu können.

Therese von Lisieux

Es ist so wohltuend zu erkennen, daß Gott allein vollkommen ist; daß er allein uns genügen soll, wenn es ihm gefällt, den Ast wegzunehmen, der den kleinen Vogel stützte. Der Vogel hat Flügel. Er ist zum Fliegen bestimmt.

Therese von Lisieux

Vor den Bedrängern rette den Bedrängten:
und recht zu richten sei dir nicht zuwider.

Jesus Sirach 4, 9

lieben, wie er liebt,
helfen, wie er hilft,
geben, wie er gibt,
dienen, wie er dient,
retten, wie er rettet,
vierundzwanzig Stunden bei ihm sein,
ihn in seiner jämmerlichen Verkleidung berühren.

Mutter Teresa

Jesus will durch uns die Wahrheit leben.

Mutter Teresa

Sucht nicht die Aufsehen erregende Aktion. Das einzig Wichtige ist, daß ihr euch selbst gebt. Dies ist das Maß der Liebe, das ihr an eure Handlungen legt.

Mutter Teresa

Wie die Lilie unter den Dornen, so ist meine Freundin unter den Töchtern.

Hoheslied 2, 2

Ursula
Ich fordere die Menschen auf
zur Anrufung der kleinen Bärin!
Die Aureole der Legende schmückt ihr Haupt.
Das letzte Geheimnis ihres Lebens
war der Geschichte nicht zu entreißen.
Dennoch ist die vom Sturm Verschlagene
ein Bildnis der Wahrheit geworden.
Im Fels der Zeit sind ihre Spuren
sichtbar bis heute.
Kleine Bärin, bitte für uns!

Alfred Müller-Felsenburg

Die weibliche Natur ist wie das Meer: Es gibt dem leisesten, schwächsten Drucke nach und trägt doch die schwersten Lasten.

Rasmus Nielsen

Die Frau ist eine Blume, welche ihren Duft nur im Schatten spendet.

Hugues de Lamennais

Wenn sie eine Mauer ist, bauen wir darauf eine silberne Zinne. Wenn sie eine Türe ist, befestigen wir darauf eine Zederntafel.

Hoheslied 8, 9

Aber der Eifer besteht nicht in Gefühlen, sondern in dem Willen, recht zu tun. Und diesen mögen Frauen ebenso gut wie Männer besitzen. Es besteht kein derartiger Unterschied zwischen Männern und Frauen, als ob letztere nichts Großes leisten könnten, wie wir aus dem Beispiel vieler Heiligen, die große Dinge vollbrachten, sehen können. Ich hoffe zu Gott, daß man auch in Zukunft Frauen Großes vollbringen sehen wird.

Mary Ward

Eine Kultur, die aus der Durchseelung der Arbeit erwüchse, wäre der höchste Grad der Verwurzelung des Menschen im Weltall.

Simone Weil

Sprich mir schweigend von Gott!

Die letzten Worte von Simone Weil

Wer ist diese, die da herabschaut wie Morgenrot,
schön wie der Mond, rein wie die Sonne,
majestätisch gleich den Bannerscharen?

Hoheslied 6, 10

Ich sehe dich in tausend Bildern,
Maria, lieblich ausgedrückt.
Doch keines kann dich schildern,
wie meine Seele dich erblickt.
Ich weiß nur, daß der Welt Getümmel
seitdem mir wie ein Traum verweht
und ein unnennbar süßer Himmel
mir selig im Gemüte steht.

Novalis

Du bist voll der Gnade!
Der Herr ist mit dir!

Lukas 1, 28

Juni

Brachmonat bin ichs genandt
Haw und karß nym ich in die handt
In disem monat sol man nit lon
Darzu sol nyemant mussig gon

Gesandt in eine Welt …

Gesandt in eine Welt des Glaubens, wo wir des dreifaltigen Gottes und seiner Wirklichkeit inne werden und als seine Geschöpfe die Schöpfung ehrfurchtsvoll wahrnehmen wollen.

Alfred Müller-Felsenburg

Schon allein, daß ich weiß, es gibt ein höheres Wesen, als ich es bin, versöhnt mich mit dem Leben und bewahrt mich davor, der Verzweiflung anheimzufallen.

Fjodor M. Dostojewskij

Gott, von dir sich abwenden heißt fallen;
zu dir sich hinwenden heißt aufstehen;
in dir bleiben heißt sicheren Bestand haben;
dich verlassen heißt sterben;
zu dir heimkehren heißt neu zum Leben erwachen;
in dir bleiben heißt leben.

Augustinus

Siehe, Gott ist groß und übertrifft unsere Wissenschaft.
Die Zahl seiner Jahre ist unschätzbar.

Job 36, 26

Wachet, steht im Glauben;
seid männlich und seid stark!

1 Korinther 16, 13

Gesandt in eine Welt der Hoffnung, in der wir Menschen vertrauensvoll auf die endgültige Erfüllung unseres Wesens im ewigen Leben warten!

Alfred Müller-Felsenburg

Wer Gott sucht, hat ihn schon gefunden.

Graham Greene.

Schöner selbst als der vollste Besitz ist die Erwartung des Glücks.

Emanuel Geibel

Seid nüchtern und setzt eure Hoffnung ganz allein auf die Gnade, die euch bei der Offenbarung Jesu Christi zuteil wird.

1. Petrus 1, 13

Selig der Mensch, der auf den Herrn hoffet!

Nach Psalm 33, 9

Gesandt in eine Welt der Liebe. Nicht allein, sondern gemeinsam! Gebunden und doch frei! Alle miteinander für Gott und die Schöpfung!

Alfred Müller-Felsenburg

Die erste und unterscheidende Tugend des Christen ist die übernatürliche Liebe zu Gott und dem Nächsten.

Josef Pieper

Da kommt die liebe Sonne wieder,
Da kommt sie wieder her!
Sie schlummert nicht und wird nicht müder,
Und läuft doch immer sehr.

Sie ist ein sonderliches Wesen;
Wenn 's Morgens auf sie geht,
Freut sich der Mensch und ist genesen
Wie beim Altargerät.

Von ihr kommt Segen und Gedeihen,
Sie macht die Saat so grün,
Sie macht das weite Feld sich neuen
Und meine Bäume blühn.

Matthias Claudius

Gott gab seiner Schöpfung nur einen einzigen Pfeiler: Liebe.

Carmen Sylva

Gesandt in eine Welt der Klugheit, fordert Gott uns auf, unser Wissen von seiner Wirklichkeit wahrhaftig und gütig für jedermann umzusetzen.

Alfred Müller-Felsenburg

Der Gescheitere gibt nach! Eine traurige Wahrheit; sie begründet die Weltherrschaft der Dummheit.

Marie von Ebner-Eschenbach

Leere Gehirne dürsten nach Lärm.

Hans Kasper

Gott liebt auch die Dummen; aber er kommt sehr schlecht mit ihnen aus!

Alfred Müller-Felsenburg

Darum hab' ich gebetet; und mir ward Klugheit gegeben; ich rief, und mir kam der Geist der Weisheit; Zepter und Thronen zog ich sie vor.

Weisheit 7, 7–8

Gesandt in eine Welt der Gerechtigkeit, ruft Gott uns zu, wahrhaft und gut mit unseren Nächsten zu leben!

Alfred Müller-Felsenburg

Die Verwirklichung der Gerechtigkeit ist den Menschen als Gemein-Wesen aufgegeben!

Josef Pieper

Nimm nicht so gelassen das Unrecht hin, das anderen angetan wird.

Arnulf Øverland

Eine Stunde Gerechtigkeit ist mehr als siebzig Jahre Gebet.

Türkisches Sprichwort

Große Gedanken und ein reines Herz, das ist's, was wir uns von Gott erbitten sollen.

Johann Wolfgang von Goethe

Gesandt in eine Welt der Tapferkeit, sind wir gefordert, gegen das Böse alles einzusetzen, unter Umständen auch das eigene Leben, um der Gerechtigkeit und dem Guten zum Siege zu verhelfen.

Alfred Müller-Felsenburg

Als Präsident Kennedy einmal gefragt wurde: „Wie sind Sie ein Held geworden, Mr. Kennedy?" antwortete er mit der ihm eigenen unterspielenden Zurückhaltung: „Ganz unfreiwillig! Die Japaner hatten mein Boot versenkt."

Was mir alles bevorsteht, weiß ich nicht. Nur das versichert mir der Heilige Geist von Stadt zu Stadt, daß Drangsale meiner harren. Allein das alles fürchte ich nicht; und ich achte mein Leben gering, wenn ich nur meine Aufgabe erfülle, die ich vom Herrn Jesus erhalten habe: die Frohe Botschaft von der Gnade Gottes zu verkünden!

Nach der Apostelgeschichte 20, 23–24

Vollendete Tapferkeit besteht darin, ohne Zeugen zu tun, was man vor aller Welt zu tun vermöchte.

La Rochefoucauld

Gesandt in eine Welt des Maßes und der Zucht, verwahren wir uns gegen alles Seinswidrige und Zerstörerische, das die Freude am Wahren, Guten und Schönen aushöhlt und uns den Blick auf die Werte der Wirklichkeit verstellt.

Alfred Müller-Felsenburg

Mein Kind, verwirf die Zucht des Herrn nicht; und sei nicht ungeduldig!

Sprüche 3, 11

Der Wein macht lose Leute; und stark Getränke machen wild; wer dazu Lust hat, wird nimmer weise.

Sprüche 20, 1

Das Wasser nimmt nicht mehr Platz ein, als es wirklich bedarf. So gleicht es der Mäßigung.

Konfuzius

Der Baum der Enthaltsamkeit hat die Genügsamkeit zur Wurzel und die Zufriedenheit zur Frucht.

Denis Diderot

Gesandt in eine Welt des Staunens, die der Beginn der Weisheit und der Wahrheit ist, vermögen wir's Erkenntnisse zu sammeln – gleich einem Kinde: in Demut!

Alfred Müller-Felsenburg

Wer noch staunen kann, wird auf Schritt und Tritt beschenkt.

Oskar Kokoschka

Der Grund aber, weswegen der Philosoph dem Dichter sich vergleicht, ist dieser: Beide haben es mit dem Erstaunlichen zu tun.

Thomas von Aquin

Es gibt kein Wunder für den, der sich nicht wundern kann.

Marie von Ebner-Eschenbach

Der Einsicht, daß überall mit Wasser gekocht wird, sollte sich das ehrliche Verwundern gesellen, wie verschieden die Suppe schließlich doch schmecken kann.

Hans Kasper

Gesandt in eine Welt des Spiels, wo Lachen und Unbekümmertheit heimisch sind; und wo wir absichtslos die Gaben Gottes genießen dürfen.

Alfred Müller-Felsenburg

Das Leben ist kein Spiel.
Du darfst es nicht verspielen.
Das Leben hat ein Ziel.
Und dahin mußt du zielen.
Doch ist es gut, mit frohem Mut,
Auch zwischendurch zu spielen.

Augustin Wibbelt

Spielen ist notwendig zur Führung eines menschlichen Lebens.

Thomas von Aquin

Als er die Grundfesten der Erde legte, da war ich bei ihm und ordnete alles. Es war meine Wonne, Tag für Tag vor ihm zu spielen auf dem Erdkreis. Und meine Wonne ist es, bei den Menschenkindern zu sein.

Nach Sprüche 8, 30–31

Gesandt in eine Welt des Friedens, wie der Herr ihn uns verkündet hat!

An einem Sommermorgen
Da nimm den Wanderstab,
Es fallen deine Sorgen
Wie Nebel von dir ab.

Des Himmels heitre Bläue
Lacht dir ins Herz hinein
Und schließt wie Gottes Treue
Mit seinem Dach dich ein.

Rings Blüten nur und Triebe
Und Halme von Segen schwer,
Dir ist, als zöge die Liebe
Des Weges nebenher.

So heimisch alles klinget
Als wie im Vaterhaus,
Und über die Lerchen schwinget
Die Seele sich heraus.

Theodor Fontane

Im längsten Frieden spricht der Mensch nicht so viel Unsinn und Unwahrheit als im kürzesten Krieg.

Jean Paul

Selig die Friedensstifter!
Sie werden Kinder Gottes genannt werden.

Matthäus 5, 9

Gesandt in eine Welt der Müllkippen, weil wir allesamt den Karren aus dem Dreck ziehen müssen, unter dem die Erde und wir zu ersticken drohen.

Alfred Müller-Felsenburg

Manchmal wollen wir uns gar nicht einsetzen. Es ist schon erhebend genug, so zu tun, als ob …

Gisela Flak

Wer über gewisse Dinge den Verstand nicht verliert, der hat keinen zu verlieren.

Johann Nestroy

Gedankenlosigkeit tötet – andere!

Stanislaw Jerzy Lec

Die Macht
diese Schöpfung abzuschaffen
schafft
nichts
als Ohnmacht.

Fritz Köbler

Gesandt in eine Welt der Wüsten, denen Verdurstende entrinnen möchten, um an wasserreiche Oasen und fruchtbare Felder zu gelangen. Wer begleitet sie? Du? Ich? Wir?

Alfred Müller-Felsenburg

Denn ich war hungrig; und ihr habt mir zu essen gegeben, durstig, und ihr habt mir zu trinken gegeben …

Nach Matthäus 25, 35

Und ich führe mein Volk hinweg in ein Land, in dem Milch und Honig fließen.

Nach Exodus 3, 8

Und er zeigte mir einen Strom, das Wasser des Lebens, klar wie Kristall; er fließt vom Thron Gottes und des Lammes her. In der Mitte des Platzes der Stadt und in der Mitte des Stromes zu seinen beiden Seiten steht der Baum des Lebens. Er trägt zwölfmal Früchte: jeden Monat bringt er seine Frucht, und die Blätter des Baumes heilen die Völker. Nichts Verfluchtes wird es mehr geben. Der Thron Gottes und des Lammes wird in der Stadt stehen, und seine Knechte werden vor ihm dienen. Sie werden sein Angesicht schauen, und sein Name steht auf ihrer Stirn geschrieben. Nacht wird es nicht mehr geben, und sie brauchen nicht das Licht einer Lampe noch das Licht der Sonne. Denn der Herr, ihr Gott, wird leuchten über ihnen, und sie werden herrschen in alle Ewigkeit.

Offenbarung 22, 1–5

Gesandt in eine Welt der auf Gott Wartenden ...

„Meister, welches ist das größte Gebot im Gesetz?"[37] Er antwortete ihm: „,Du sollst den Herrn, deinen Gott, lieben aus deinem ganzen Herzen, deiner ganzen Seele und deinem ganzen Denken' (Dt 6, 5). Dies ist das größte und erste Gebot. Das zweite ist ihm gleich: ,Du sollst deinen Nächsten lieben wie dich selbst' (Lev 19, 18). An diesen zwei Geboten hängt das ganze Gesetz und die Propheten."

Matthäus 22, 37–40

Ein Mann der Mission: ANTONIUS VON PADUA
Die kleinen Leute rufen dir zu,
das Unauffindbare zu suchen
und wiederzugewinnen!
Bist du der Säumigen Dienstbote?
Entlohnen dich Kerzenlicht und Münzen?
Dennoch: Welch tiefe Wahrheit
steckt in dem Bemühen,
dich um Hilfe anzugehen!
Zu Füßen des heiligen Franz verzehrtest du dich,
das Martyrium zu erdulden.
Statt dessen ward dir der Mund geöffnet.
Du sagtest an das
Unsagbare, Unauffindbare,
Geheimnisvolle Gottes!
Noch immer säest du *Glauben*
in säumige Herzen.
Von Coimbra und einst zu uns und heute
führt ein gerader Weg!

Alfred Müller-Felsenburg

Gesandt in eine Welt der Vertriebenen, infiziert vom Bazillus Heimatlosigkeit und Verfolgung. Unbehauste Menschen allerorten! Dein Lächeln und deine Hilfsbereitschaft sind heilsam!

Alfred Müller-Felsenburg

Aussiedler
Das Ziel
ihrer Träume
die Heimat.
Endlich
am Ziel –
ausgeträumt!

Ilse Hangert

Ich weiß, ich werde alles wiedersehn,
Und es wird alles ganz verwandelt sein.
Ich werde durch erloschne Städte gehn,
Darin kein Stein mehr auf dem andern Stein …
Ich weiß, ich werde zögernd wiederkehren,
Wenn kein Verlangen mehr die Schritte treibt.
Entseelt ist unsres Herzens Heimbegehren,
Und was wir brennend suchten, liegt entleibt.
Leid wird zu Flammen, die sich selbst verzehren,
Und nur ein kühler Flug von Asche bleibt –
Bis die Erinnrung über dunklen Meeren
Ihr ewig Zeichen in den Himmel schreibt.

Carl Zuckmayer

Gesandt in eine Welt der Armut …

Wann wird es der westlichen Welt voll zum Bewußtsein kommen, daß auch das Elend die Menschen zermalmt und einer untermenschlichen Erniedrigung unterwirft? …
… die Liebe baut auf. Der Haß und die Gewalt zerstören nur … Ich persönlich denke konkret … an ein großangelegtes Experiment gewaltloser Aktion, auf der Linie der bewundernswerten Bewegung für rassische Integration …
Ich persönlich wünschte mir, in den verschiedenen menschlichen Gemeinschaften wache und mutige Minderheiten zu entdecken, die ich „abrahamitische Minderheiten“ nennen möchte, weil sie wie Abraham wider alle Hoffnung hoffen …

Dom Helder Camara

Selig ist der Mensch, der nicht schuld ist an der Armut seiner Nebenmenschen.

Johann Heinrich Pestalozzi

Die Armen sind die Neger Europas.

Chamfort

Misereor super turbam – Mich erbarmt des Volkes!

Matthäus 15, 32

Gesandt in eine Welt der Krankheit …

Ich glaube, daß Krankheiten Schlüssel sind, die uns gewisse Tore öffnen können. Denn ich glaube, es gibt gewisse Tore, die nur die Krankheit öffnen kann.

André Gide

Ein Rentner bedankt sich bei der Entlassung im Krankenhaus bei der Schwester, die ihn pflegte. „Ich habe es um Jesu willen gern getan“, wehrt sie seinen Dank bescheiden ab.
„Ach“, sagt der Rentner enttäuscht, „und ich dachte, Sie hätten es um meinetwillen getan.“

Aus „Lesestücke“

Betet füreinander, daß ihr gesund werdet.
Der Gerechten Gebet vermag viel, wenn es ernstlich ist.

Jakobus 5, 15

Ich hab ein Wort gefunden,
Dafür will ich Dir danken:
Du suchst nicht den Gesunden,
Du bist ein Arzt der Kranken.

Rudolf Alexander Schröder

Gesandt in eine Welt der Verfolgten: Juden – Sinti – Schwarze – Behinderte ... Minderheiten aller Religionen, Rassen, Nationen und Hautfarben! – Wir wollen die Ausgestoßenen an uns ziehen und niemals mehr dulden, daß der Mensch des Menschen Wolf bleibe!

Alfred Müller-Felsenburg

Alles sollte man dem Menschen opfern. Nur nicht den Menschen.

Stanislaw Jerzy Lec

Eine spaßige Gerechtigkeit, die von einem Fluß begrenzt wird! Wahrheit diesseits der Pyrenäen ist Irrtum jenseits.

Blaise Pascal

Ich glaube nicht an Rassismus, Reichtum, Privilegien noch an eine unwandelbare festgelegte Ordnung. Ich glaube, daß alle Männer und Frauen in gleicher Weise Menschen sind und daß eine Ordnung, die sich auf Gewalt und Ungerechtigkeit stützt, keine Ordnung, sondern Unordnung ist.

Indonesischer Christ

Gesandt in eine Welt der Schatten, die wir – mit Hilfe Gottes! – „erleuchten“ wollen, auf daß uns die Dunkelheit des Todes und der Schuld nicht mehr schreckt.

Alfred Müller-Felsenburg

Wo sollte sich das Licht hinwenden,
hätt’ es nicht Dunkelheit,
in welche sich ergießt
der Helle Macht!
Und wollte einmal es sich so verschwenden,
daß es verzüngelte zu tiefer, grauer Nacht,
wo blieben wir,
wir, seines Scheins Gestalten,
wir, Spiegel, abgemalte Bilder jener Kraft,
die uns erhält und wird erhalten
im Raume des Mysteriums
und auch im Raum der Nacht?

Alfred Müller-Felsenburg

Den Frommen geht ein Licht auf in der Finsternis: der Gnädige, der Barmherzige und Gerechte!

Nach Psalm 111, 4

Gott ist Licht; und in ihm ist keine Finsternis.

1 Johannes 1, 5

Gesandt in eine Welt schwankender Brücken! Wir werden sie nicht hinter uns abbrechen. Niemand will, daß einer sich trennt vom anderen, niemand! „Zu neuen Ufern!“ Hier! Allerwärts!

Alfred Müller-Felsenburg

Ohne Zugang zum eigenen Ich kann man auch keinen Zugang zum anderen finden.

Anne Morrow Lindbergh

Und die Brücke muß in den Grund hinein …
Tand, Tand
ist das Gebild von Menschenhand!

Theodor Fontane, aus „Die Brück am Thay“

Verbindungslinien:
Brücken über Flüsse, Tunnel am Meeresgrund!
Menschen wollen Grenzen überwinden.
Der Weg von Hand zu Hand und Herz zu Herz darf nicht unendlich sein!

Alfred Müller-Felsenburg

Gesandt in eine Welt der Freundschaft …

Wer Freunde sucht, ist sie zu finden wert,
Wer keinen hat, hat keinen noch begehrt.
Gotthold Ephraim Lessing

Über alles Glück geht der Freund,
Der's fühlend erst erschafft, der's liebend mehrt.
Friedrich von Schiller

Die wahre Freundschaft hat nur zwei Gesetze:
Erstens, daß einer des andern Freund sei;
zweitens, daß er's von ganzem Herzen sei.
Diese Gesetze sind nicht erdichtet,
sie sind im Wesen der Freundschaft begründet.
J. M. Sailer

Lieber aus ganzem Holz eine Feindschaft, als eine geleimte Freundschaft.
Friedrich Nietzsche

Ein treuer Freund liebt mehr und steht fester bei denn ein Bruder.
Sprüche 18, 24

Gesandt in eine Welt des Glücks; denn dazu sind wir berufen von Gott, die Fülle des Seins zu haben und aus dem Kelch der Freude zu trinken!

Alfred Müller-Felsenburg

Seid überzeugt, daß das Geheimnis des Glücks die Freiheit, das Geheimnis der Freiheit aber der Mut ist.

Perikles

Glücklich sind die Menschen, wenn sie haben, was gut für sie ist.

Sokrates

Das höchste Glück des Menschen ist die Befreiung von der Furcht.

Walter Rathenau

Glück ist, seinen Anlagen gemäß verbraucht zu werden.

Frank Wedekind

Gesandt in eine Welt des Dankens!
Es steht uns allen gut an, für erwiesene Wohltaten Gott und Menschen zu loben!

Alfred Müller-Felsenburg

Ein Danklied sei dem Herrn für alle seine Gnade!

Gotteslob Nr. 809

Danke für diesen guten Morgen; Danke für jeden neuen Tag; Danke, daß ich all meine Sorgen auf dich werfen mag!
Danke, für alle guten Freunde; Danke, o Herr, für jedermann; Danke, wenn auch dem größten Feinde ich verzeihen kann.
Danke, für meine Arbeitsstelle, Danke für jedes kleine Glück, Danke, für alles Frohe, Helle und für die Musik.
Danke, für manche Traurigkeiten, Danke für jedes gute Wort, Danke, daß deine Hand mich leiten will an jedem Ort.
Danke, daß ich dein Wort verstehe, Danke, daß deinen Geist du gibst, Danke, daß in der Fern' und Nähe du die Menschen liebst.
Danke, dein Heil kennt keine Schranken, Danke, ich halt mich fest daran, Danke, ach Herr, ich will dir danken, daß ich danken kann.

Aus „Danke – neue geistliche Lieder“

Gesandt in eine Welt der Arbeit, in der es möglich ist, alle Kräfte und Sinne für den Aufbau dieser Erde und des Reiches Gottes einzusetzen!

Alfred Müller-Felsenburg

Im Schweiße deines Angesichtes sollst du dein Brot essen.

Genesis 3, 19

Deine Arbeit wird nur gedeihen, wenn du an sie glaubst.

Japanisches Sprichwort

Arbeit bringt Wohlstand; Faulheit verzehrt ihn.

Chinesisches Sprichwort

Christen müssen immer und überall ganze, tüchtige Menschen sein, die auch in der Pflichterfüllung und ihrer täglichen Arbeit anderen um ein Gutes voraus sein müssen.

Georg Fink

Gesandt in eine Welt des Geistes Gottes, der Leben und Universum durchwaltet und uns die Freiheit zumißt, Gutes wie Böses zu bejahen oder zu verneinen!

Alfred Müller-Felsenburg

Wandelt als Kinder des Lichtes. Die Frucht des Lichtes zeigt sich in lauter Güte, Gerechtigkeit und Wahrheit.

Epheser 5, 9

An ihren Früchten werdet ihr sie erkennen.

Matthäus 7, 16

Ihr werdet die Kraft des Heiligen Geistes empfangen.

Apostelgeschichte 1, 8

Der Geist aber ist Leben!

Nach Römer 8, 10

Gesandt in eine Welt unter dem Kreuz! Verfolgt von Schuld der Vergangenheit! Erdrückt durch Not der Gegenwart! Belastet mit Angst vor der Zukunft!
Passion!
Dennoch: vom Leben zum Leben!

Alfred Müller-Felsenburg

Im Kreuz ist Heil,
im Kreuz ist Leben,
im Kreuz ist Hoffnung.

Gotteslob Nr. 205

Alles ist gut, wenn wir unser Kreuz richtig tragen.

Jean-Marie Vianney

Das Kreuz ist das Zeichen des Alls und ist das Zeichen der Erlösung. Am Kreuz hat unser Herr alle Menschen erlöst. Durch das Kreuz heiligt er den Menschen ganz bis in die letzte Faser seines Wesens.

Romano Guardini

Gesandt in eine Welt der Muße und Kunst: Unsere Talente wollen wir nicht vergraben, sondern einsetzen, um Gottes Schöpfung aufzunehmen und fortzutragen!

Alfred Müller-Felsenburg

Wir wollen singen und spielen dem Herrn, solange wir leben!

Jesaja 38, 20

Mensch, lerne tanzen, sonst wissen die Engel nichts mit dir anzufangen.

Augustinus

Muße und Kult waren die Wurzeln jeglicher Kunst. Leider schämten sich die Menschen dieser Herkunft. Die Folge? Kunst wurde zu Arbeit. Welche Entartung!

Alfred Müller-Felsenburg

Künden? Können? Kennen? – Synonyme für Kunst? Ich glaub's nicht unbedingt. Vielleicht müßte es heißen: Ahnen! Entdecken! Sich entäußern! Anders gesagt: Der künstlerische Mensch sucht den Grund des Lebens und entwirft neue Linien des Seins. So baut er eine Basis des Wesentlichen, das sowohl inner- wie außerhalb seiner Humanität liegt.

Alfred Müller-Felsenburg

Gesandt in eine Welt der Kinder …

Lasset die Kinder zu mir kommen; und wehret es ihnen nicht; denn für solche ist das Himmelreich!

Nach Matthäus 19, 13–15; Markus 10, 13–16; Lukas 18, 15–17

Vor Gott muß man sich beugen, weil er so groß ist, vor dem Kinde, weil es so klein ist!

Peter Rosegger

Kinder und Uhren dürfen nicht beständig aufgezogen werden, man muß sie auch gehen lassen.

Jean Paul

Klein ist mein Kind, dein erster Schritt,
klein wird dein letzter sein,
den ersten gehn Vater und Mutter mit,
den letzten gehst du allein.
Sei's um ein Jahr, dann gehst du, Kind,
viel Schritte unbewacht,
wer weiß, was dann das für Schritte sind
im Licht und in der Nacht?
Geh kühnen Schritt, tu tapfern Tritt,
groß ist die Welt und dein.
Wir werden, mein Kind, nach dem letzten Schritt
wieder beisammen sein.

Albrecht Goes

Gesandt in eine Welt der Brüderlichkeit: Schwarz, weiß, gelb, rot, braun in einem Geiste, unter einem Firmament, einen Gott bekennend und ihm folgend! Welch berückende Vision!

Alfred Müller-Felsenburg

Wenn wir nur unsre Brüder sehn,
wenn wir nur zu den Freunden gehn,
wird Christus diesen Weg nicht loben.
Gott weiß um den, der ihn verkennt
und nie ihn anruft oder nennt,
gleichwie die Sonne scheint auf alle.

Wenn wir dem schenken, der vergilt,
nur den bewirten, der gefällt,
kann Christus unser Tun nicht rühmen.
Gott sucht ja aller Menschen Glück,
er schenkt und fordert nicht zurück,
und niemand kann es ihm vergelten.

Konrad Sandmeyer

Denn wer den Willen meines Vaters tut, der ist mir Bruder, Schwester und Mutter!

Matthäus 12, 46

Gesandt in eine Welt des Lichtes! Es bricht Finsternis auf, lehrt Fährnisse erkennen, läßt uns vom Fuße der Treppe gemeinsam aufsteigen zum Plateau der Sonne!

Alfred Müller-Felsenburg

Aber die Stimme sprach: „Weißt du nicht, daß Leid unsterblich ist? Ich habe das Unendliche verklärt; Christus ist erstanden!"
Da riß mich das Licht hinweg –

Gertrud von Le Fort

Ich bin das Licht der Welt.
Wer mir nachfolgt, wird nicht im Finstern wandeln, sondern das Licht des Lebens haben.

Johannes 8, 12

Gesandt in eine Welt der guten Hirten …

Herr Gott, bei dir ben e aufgehoba, bei dir fehlt mr nix. Du zoigsch mr beim Wandra durchs Leba d schenste schattige Weg an sonnige Täg und an Platz zum Veschpra am See.
Bei dir isch mr s wohl, du – laß, was e denk ond mei Geschwätz net drneba ganga.
Ond wenn s mr schwarz vor de Auga wird, nemm mr mei Angst – du bisch ja bei mr, du, du, mit dir brenge s durch, Dòò breng e s no amòòl nàà.
Du lesch me leba …
Willi Habermann (Psalm 23, ins Schwäbische übersetzt)

Ich bin der gute Hirt. Der gute Hirt gibt sein Leben für seine Schafe …
Ich bin der gute Hirt. Ich kenne die meinen, und die Meinen kennen mich, wie mich der Vater kennt und ich den Vater kenne. Ich gebe mein Leben für meine Schafe …
… und es wird eine Herde und ein Hirt sein.
Johannes 10, 11–17

Juli

Welcher ochß gern zeücht den pflůg
Dem wil ich geben heues genug
Auch wil ich dir mit treün sagen
Hüt dich vor den hündischen tagen

Und wenn man einen Feiertag
zum Anhören fremder Argumente
einführen würde?

Karol Irzykowski

Alle Menschen sind frei und gleich an Würde und Rechten geboren. Sie sind mit Vernunft und Gewissen begabt und sollen einander im Geiste der Brüderlichkeit begegnen.

Artikel 1 der Menschenrechte

Ich mißbillige, was du sagst; aber bis in den Tod werde ich dein Recht verteidigen, es zu sagen.

François-Marie Voltaire

Du hast einen Menschen nicht überzeugt, weil du ihn zum Schweigen gebracht hast.

John Morley

Marionetten lassen sich leicht in Gehenkte verwandeln. Die Stricke sind schon da.

Stanislaw Jercy Lec

Jeder Mensch hat Anspruch auf die in dieser Erklärung verkündeten Rechte und Freiheiten ohne irgendeine Unterscheidung, wie etwa nach Rasse, Geschlecht, Sprache, Religion, politischer oder sonstiger Überzeugung, nationaler oder sozialer Herkunft, nach Eigentum, Geburt oder sonstigen Umständen.

Artikel 2 der Menschenrechte

Ich will, daß der seit Jahrhunderten in meinem Hause heilig gehaltene Grundsatz religiöser Duldung (Toleranz) auch ferner allen Meinen Untertanen, welcher Religionsgemeinschaft und welchem Bekenntnisse sie auch angehören, zum Schutze gereiche!

Kaiser Friedrich III. (1888)

Und nun walte über euch die Furcht des Herrn! Handelt gewissenhaft; denn beim Herrn, unserm Gott, gibt es kein Unrecht, keinen Vorzug der Person und keine Bestechlichkeit."

2 Chronik 19, 7

Jeder Mensch hat das Recht auf Leben, Freiheit und Sicherheit der Person.

Artikel 3 der Menschenrechte

Der Verfolgungsgeist ist ein wahrer Tyrann, welcher die Länder entvölkert. Die Toleranz ist eine zärtliche Mutter, welche sie blühend macht.

Friedrich der Große

Scheiterhaufen erleuchten nicht die Finsternis.

Stanislaw Jercy Lec

Ich glaube nicht an das Recht des Stärkeren, nicht an Waffengewalt, nicht an die Macht der Aggressivität. Ich glaube an die Menschenrechte, an die Solidarität unter den Völkern und an die Stärke der Gewaltfreiheit.

Anonymer Christ aus Indonesien

Niemand darf in Sklaverei oder Leibeigenschaft gehalten werden.

Artikel 4 der Menschenrechte

Ich glaube, daß es nur ein einziges gleiches Recht für alle Menschen gibt und daß ich nicht frei bin, solange ein einziger Mensch versklavt bleibt.

Anonymer Christ aus Indonesien

Scherze mit dem Sklaven; bald wird er dir den Hintern zeigen.

Sprichwort aus Arabien

Einen Fremden sollst du nicht ausnutzen oder ausbeuten; denn ihr seid selbst in Ägypten Fremde gewesen.

Exodus 22, 20

In dir selbst ein edler Sklave ist,
Dem du die Freiheit schuldig bist.

Spruch im Berliner Rathaus

Niemand darf der Folter oder grausamer, unmenschlicher oder erniedrigender Behandlung oder Strafe unterworfen werden.

Artikel 5 der Menschenrechte

Wer die Hand als erster zum Schlage erhebt, gibt zu, daß ihm die Ideen ausgegangen sind.

Franklin D. Roosevelt

„Wir werden ihm ein bißchen mit dem Finger drohen", sagte er und legte diesen an den Abzug.

Stanislaw Jercy Lec

Das Werk der Gerechtigkeit wird der Friede sein; der Ertrag der Gerechtigkeit sind Ruhe und Sicherheit für immer.

Isaias 32, 17

Jeder Mensch hat überall Anspruch auf Anerkennung als Rechtsperson.

Artikel 6 der Menschenrechte

Es kommt nicht darauf an, ob die Sonne in eines Monarchen Staaten nicht untergeht, sondern was sie während ihres Laufes in diesen Staaten zu sehen bekommt.

Georg Christoph Lichtenberg

Wenn die allgemeinen sittlichen Forderungen höher stehen als geltendes Recht und geltende Gesetze, dann muß der Gesetzgeber unverzüglich diese juristischen Manifestationen den notwendig gewordenen Gegebenheiten anpassen, um die Gerechtigkeit nicht zu prostituieren.

Alfred Müller-Felsenburg

Alle Menschen sind vor dem Gesetz gleich und haben ohne Unterschied Anspruch auf gleichen Schutz durch das Gesetz.

Artikel 7 der Menschenrechte

Gleichheit ist das heilige Gesetz
Der Menschheit. Dem Vermögenderen lebt
Ein ewiger Gegner in dem Ärmsten, stets
Bereit, ihn zu bekriegen.

Friedrich von Schiller

Gleichheit ist immer der Probestein der Gerechtigkeit; und beide machen das Wesen der Freiheit.

Johann Gottfried Seume

Die Gleichheit, die der Mensch hier verlangen kann, ist sicherlich der erträglichste Grad der Ungleichheit.

Georg Christoph Lichtenberg

Jeder Mensch hat Anspruch auf wirksamen Rechtsschutz vor den zuständigen innerstaatlichen Gerichten gegen alle Handlungen, die seine ihm nach der Verfassung oder nach dem Gesetz zustehenden Grundrechte verletzen.

Artikel 8 der Menschenrechte

Das Recht ist nichts anderes als die in der staatlichen Gemeinschaft herrschende Ordnung; und eben dieses Recht ist es auch, das darüber entscheidet, was gerecht ist.

Aristoteles

Der größte Feind des Rechtes ist das Vorrecht.

Marie von Ebner-Eschenbach

Recht ist hüben zwar wie drüben,
aber danach sollst du trachten,
eigne Rechte mild zu üben,
fremde Rechte streng zu achten.

Emanuel Geibel

Niemand darf willkürlich festgenommen werden, in Haft gehalten oder des Landes verwiesen werden.

Artikel 9 der Menschenrechte

An der Härte der Strafen erkennt man die Schwächen des Regimes.

Martin Kessel

Diktatoren reiten auf Tigern hin und her, von denen sie nicht abzusteigen wagen. Und die Tiger werden hungrig.

Winston Churchill

Das Gesetz ist ein Vertrag, worin man sich gegenseitig das Recht verbürgt. Aber es ist nicht imstande, die Bürger zu Sittlichkeit und Gerechtigkeit zu erziehen.

Lykophron

Jeder Mensch hat in voller Gleichberechtigung Anspruch auf ein der Billigkeit entsprechendes und öffentliches Verfahren vor einem unabhängigen und unparteiischen Gericht, das über seine Rechte und Verpflichtungen oder über irgendeine gegen ihn erhobene strafrechtliche Beschuldigung zu entscheiden hat.

Artikel 10 der Menschenrechte

Die Verfassung eines Staates sollte so sein, daß sie die Verfassung des Bürgers nicht ruiniere.

Stanislaw Jercy Lec

Die Gerechtigkeit ist ohnmächtig ohne die Macht; die Macht ist tyrannisch ohne die Gerechtigkeit. Die Gerechtigkeit erfährt viel Widerspruch, wenn sie keine Macht hat, weil es immer böse Menschen gibt; die Macht wird angeklagt, wenn sie nicht gerecht ist. Man muß also die Gerechtigkeit und die Macht vereinigen, und dazu muß man bewirken, daß das mächtig sei, was gerecht ist, oder daß gerecht sei, was mächtig ist.

Blaise Pascal

Jeder Mensch, der einer strafbaren Handlung beschuldigt wird, ist so lange als unschuldig anzusehen, bis seine Schuld in einem öffentlichen Verfahren, in dem alle für seine Verteidigung notwendigen Voraussetzungen gewährleistet waren, gemäß dem Gesetz nachgewiesen ist ...

Artikel 11 der Menschenrechte

Die Unschuld
Hat eine Sprache, einen Siegerblick,
Der die Verleumdung mächtig niederblitzt.

Friedrich von Schiller

Besser zehn Schuldige lossprechen, als einen Unschuldigen verdammen.

Sprichwort

Da bekannte ich dir meine Sünde; und meine Schuld verbarg ich nicht. Ich dachte: Ich will dem Herrn mein Unrecht gestehen! Und du vergabst meine Sündenschuld.

Psalm 32, 5

Niemand darf willkürlichen Eingriffen in sein Privatleben, seine Familie, sein Heim oder seinen Briefwechsel, noch Angriffen auf seine Ehre und seinen Ruf ausgesetzt werden. Jeder Mensch hat Anspruch auf rechtlichen Schutz gegen derartige Eingriffe oder Anschläge.

Artikel 12 der Menschenrechte

Welche Regierung die beste sei? – Diejenige, die uns lehrt, uns selbst zu regieren.

Johann Wolfgang von Goethe

So leicht das Reh entwischt,
so schnell entfleucht die Ehr',
und ist sie einmal hin,
so kommt sie selten mehr.

Georg Philipp Harsdörffer

Die Ehre ist mein Auge,
Das kleinste Stäubchen, das hineindringt, macht
Mich blind und wild vor Schmerz!

Christian Dietrich Grabbe

Der Mensch hat das Recht auf Freizügigkeit und freie Wahl seines Wohnsitzes innerhalb eines Staates. Jeder Mensch hat das Recht, jedes Land, einschließlich seines eigenen, zu verlassen sowie in sein Land zurückzukehren.

Artikel 13 der Menschenrechte

An der Leine fängt der Hund keinen Hasen.

Sprichwort aus Bulgarien

Hinter dem Gitter schmeckt auch der Honig bitter.

Sprichwort

Dem Vogel ist ein einfacher Zweig lieber als ein goldener Käfig.

Sprichwort aus Rußland

Jeder Mensch hat das Recht, in anderen Ländern vor Verfolgung Asyl zu suchen und zu genießen. Dieses Recht kann jedoch im Falle der Verfolgung wegen nicht politischer Verbrechen oder wegen Handlungen, die gegen die Ziele und Grundsätze der Vereinten Nationen verstoßen, nicht in Anspruch genommen werden.

Artikel 14 der Menschenrechte

Wer das Vaterland verläßt, steht in der Luft, hat keinen Boden unter sich, der ihn trägt.

Berthold Auerbach

Da Ihr durch Geburt oder Wahl Bürger eines gemeinsamen Landes seid, hat dieses Land ein Recht, eure Neigung für sich zu beanspruchen.

George Washington

Der wackere Mann findet überall eine Heimat.

Friedrich von Schiller

Jeder Mensch hat Anspruch auf eine Staatsangehörigkeit. Niemand darf seine Staatsangehörigkeit willkürlich entzogen noch ihm das Recht versagt werden, seine Staatsangehörigkeit zu wechseln.

Artikel 15 der Menschenrechte

Das Meer ist tief und herbe;
Doch tiefer ist die Pein,
Von Freund und Heimatserbe
Allzeit geschieden sein.

Emanuel Geibel

Wer aus seiner Heimat scheidet, ist sich selten bewußt, was er alles aufgibt; er merkt es vielleicht erst dann, wenn die Erinnerung daran die Freude seines späteren Lebens wird.

Gustav Freytag

Die Heimat ist, wo man dich gerne
Erscheinen, ungern wandern sieht.

Emil Rittershaus

In der Fremde erfährt man, was die Heimat wert ist, und liebt sie dann um so mehr.

Ernst Wiechert

Heiratsfähige Männer und Frauen haben ohne Beschränkung durch Rasse, Staatsbürgerschaft oder Religion das Recht, eine Ehe zu schließen und eine Familie zu gründen. Sie haben bei der Eheschließung, während der Ehe und bei der Auflösung gleiche Rechte. Die Ehe darf nur auf Grund der freien und vollen Willenseinigung der zukünftigen Ehegatten geschlossen werden. Die Familie ist die natürliche und grundlegende Einheit der Gesellschaft und hat Anspruch auf Schutz durch Gesellschaft und Staat.

Artikel 16 der Menschenrechte

Der Reiz des Familienlebens ist das beste Gegengift gegen den Verfall der Sitten.

Jean-Jacques Rousseau

Zum vollen Menschen wird der Mann erst durch Weib und Kind, und wer diese nicht hat, der lernt nimmermehr die lichtesten Höhen und die dunkelsten Tiefen des Lebens kennen.

Georg Ebers

Die Familie ist die Quelle des Segens und Unsegens der Völker, die Ehe der Grund und Schlußstein der Familie.

Martin Luther

Jeder Mensch hat allein oder in Gemeinschaft mit anderen Recht auf Eigentum. Niemand darf willkürlich seines Eigentums beraubt werden.

Artikel 17 der Menschenrechte

Der eine hat den Dill, der andere die Gurken.

Sprichwort aus Rußland

Hüte dich, alles, was du besitzt, als dein Eigentum zu betrachten.

Benjamin Franklin

Eigentum ist Diebstahl.

Pierre Joseph Proudhon

Der Reichtum besteht nicht im Besitz von Schätzen, sondern in der Anwendung, die man von ihnen zu machen versteht.

Napoleon I.

Jeder Mensch hat Anspruch auf Gedanken-, Gewissens- und Religionsfreiheit; dieses Recht umfaßt die Freiheit, seine Religion oder seine Überzeugung zu wechseln, sowie die Freiheit, seine Religion oder seine Überzeugung allein oder in Gemeinschaft mit anderen, in der Öffentlichkeit oder privat, durch Lehre, Ausübung, Gottesdienst und Vollziehung von Riten zu bekunden.

Artikel 18 der Menschenrechte

Gedanken sind frei.

Cicero

Ich predige nicht die Duldsamkeit. Unbeschränkte Religionsfreiheit ist in meinen Augen ein so geheiligtes Recht, daß das Wort Duldsamkeit, als Ausdruck hierfür gebraucht, mir gewissermaßen selbst tyrannisch erscheint.

Honoré Gabriel Riqueti, Graf Mirabeau

In dem, was dem Menschen am teuersten ist, erkühnst du dich, mir meine Freiheit zu nehmen?

Friedrich Gottlieb Klopstock

Kein Zwang in der Religion! Das Rechte ist ja deutlich genug unterschieden vom Falschen.

Koran

Jeder Mensch hat das Recht auf freie Meinungsäußerung; dieses Recht umfaßt die Freiheit, Meinungen unangefochten anzuhängen und Informationen und Ideen mit allen Verständigungsmitteln ohne Rücksicht auf Grenzen zu suchen, zu empfangen und zu verbreiten.

Artikel 19 der Menschenrechte

Der Regent hat kein Recht über die Meinungen der Bürger.

Friedrich II. von Preußen

Die Zensur ist die jüngere von zwei schändlichen Schwestern. Die ältere heißt Inquisition. Die Zensur ist das lebendige Geständnis der Großen, daß sie nur verdummte Sklaven treten, aber keine freien Völker regieren können.

Johann Nestroy

Das Endziel jeder Zensur ist es, nur solche Bücher zu erlauben, die ohnehin niemand liest.

Giovanni Guareschi

Die niemals ihre Meinung zurücknehmen, lieben sich mehr als die Wahrheit.

Joseph Joubert

Jeder Mensch hat das Recht auf Versammlungs- und Vereinigungsfreiheit zu friedlichen Zwecken. Niemand darf gezwungen werden, einer Vereinigung anzugehören.

Artikel 20 der Menschenrechte

Hier sind wir versammelt zu löblichem Tun …

Johann Wolfgang von Goethe

Auf seine Freiheit verzichten, heißt auf seine Menschenwürde, Menschenrechte, selbst auf seine Pflichten verzichten.

Jean-Jacques Rousseau

Der Engländer liebt die Freiheit wie sein rechtmäßiges Weib. Er besitzt sie, und wenn er sie auch nicht mit absonderlicher Zärtlichkeit behandelt, so weiß er sie doch im Notfall wie ein Mann zu verteidigen. Der Franzose liebt die Freiheit wie seine erwählte Braut. Er wirft sich zu ihren Füßen mit den überspanntesten Beteuerungen. Er schlägt sich für sie auf Tod und Leben. Er begeht für sie tausend Torheiten. Der Deutsche liebt die Freiheit wie seine Großmutter.

Heinrich Heine

Jeder Mensch hat das Recht, an der Leitung der öffentlichen Angelegenheiten seines Landes unmittelbar oder durch frei gewählte Vertreter teilzunehmen. Jeder Mensch hat … das Recht auf Zulassung zu öffentlichen Ämtern in seinem Lande. Der Wille des Volkes bildet die Grundlage für die Autorität der öffentlichen Gewalt …

Artikel 21 der Menschenrechte (gekürzt)

Deshalb dien' ich gerade den unterdrückten Klassen des Volkes gern; und da ich solchen Dienst nicht leisten kann, ohne mich in die Politik zu begeben, so muß ich mich auch damit befassen.

Mahatma Gandhi

Weil ich weiß, daß du dich für die Politik interessierst, so denke daran – wie es auch die Heilige Schrift deutlich zeigt –, daß der Staat durch nichts glücklich wird, als wodurch es der einzelne wird.

Augustinus

Herr, wir haben kein Recht,
uns von der Politik zurückzuziehen.
Die Welt, deren Schicksal von den wendigen Leuten
in Parlamenten und Fraktionen bestimmt wird,
ist durch Dein Blut erkauft.
Wir können sie nicht preisgeben.
Aber ich wünschte, Herr,
Du beriefest Dir zur Gestaltung der Welt
Menschen, vor denen ich Respekt haben kann.

Alfred Müller-Felsenburg

Jeder Mensch hat als Mitglied der Gesellschaft Recht auf soziale Sicherheit; er hat Anspruch darauf, durch innerstaatliche Maßnahmen und internationale Zusammenarbeit … in den Genuß der für seine Würde und die freie Entfaltung seiner Persönlichkeit unentbehrlichen wirtschaftlichen, sozialen und kulturellen Rechte zu gelangen.

Artikel 22 der Menschenrechte (gekürzt)

Die einzige Sicherheit, die ein Mensch haben kann, ist die Erkenntnis seiner innern Kraft und Berufung und eine starke Reserve an Wissen, Erfahrung und Können.

Emil Oesch

Ohne Sicherheit vermag der Mensch weder seine Kräfte auszubilden noch die Frucht derselben zu genießen; denn ohne Sicherheit ist keine Freiheit.

Wilhelm von Humboldt

Der Adler lehre nicht die Fische fliegen!
Es wär' ihm nützer, wenn er schwimmen lernte.

Ludwig Doczi

Jeder Mensch hat das Recht auf Arbeit, auf freie Berufswahl, auf angemessene und befriedigende Arbeitsbedingungen sowie auf Schutz gegen Arbeitslosigkeit. Alle Menschen haben ohne jede unterschiedliche Behandlung das Recht auf gleichen Lohn für gleiche Arbeit. Jeder Mensch, der arbeitet, hat das Recht auf angemessene und befriedigende Entlohnung, die ihm und seiner Familie eine der menschlichen Würde entsprechende Existenz sichert …

Artikel 23 der Menschenrechte (gekürzt)

… denn ein Arbeiter ist seines Lohnes wert.

Lukas 10, 7

Ora et labora! – Bete und arbeite!

Sprichwort

Segen der Arbeit! Wärest du Gottes Fluch, wie müßte dann sein Segen sein?

Samuel Smiles

Arbeit um der Arbeit willen ist gegen die Natur.

John Locke

Jeder Mensch hat Anspruch auf Erholung und Freizeit sowie auf eine vernünftige Begrenzung der Arbeitszeit und auf periodischen, bezahlten Urlaub.

Artikel 24 der Menschenrechte

Alles tun zu seiner Zeit!
Sonntagsarbeit nicht gedeiht.

Sprichwort

Tages Arbeit! Abends Gäste!
Saure Wochen! Frohe Feste!
Sei dein künftig Zauberwort.

Johann Wolfgang von Goethe

Das Steckenpferd ist das einzige Pferd, das über jeden Abgrund trägt.

Friedrich Hebbel

Jeder Mensch hat Anspruch auf eine Lebenshaltung, die seine und seiner Familie Gesundheit und Wohlbefinden, einschließlich Nahrung, Kleidung, Wohnung, ärztlicher Betreuung und der notwendigen Leistungen der sozialen Fürsorge, gewährleistet. Er hat das Recht auf Sicherheit im Falle von Arbeitslosigkeit, Krankheit, Invalidität, Verwitwung, Alter ... Mutter und Kind haben Anspruch auf besondere Hilfe ... Alle Kinder, ... genießen den gleichen sozialen Schutz.

Artikel 25 der Menschenrechte (gekürzt)

Sorgt immer für den Augenblick, und Gott laßt für die Zukunft sorgen.

Christoph Martin Wieland

Der kluge Mann baut vor.

Friedrich von Schiller

Wer das Morgen nicht bedenkt, wird Kummer haben, bevor das Heute zu Ende geht.

Konfuzius

Jeder Mensch hat das Recht auf Bildung. Der Unterricht muß ... unentgeltlich sein. Der Elementarunterricht ist obligatorisch. ... Die Ausbildung soll die volle Entfaltung der menschlichen Persönlichkeit und die Stärkung der Achtung der Menschenrechte und Grundfreiheiten zum Ziele haben. Sie soll Verständnis, Duldsamkeit und Freundschaft zwischen allen Nationen und allen rassischen oder religiösen Gruppen fördern und die Tätigkeit der Vereinten Nationen zur Aufrechterhaltung des Friedens begünstigen ...

Artikel 26 der Menschenrechte (gekürzt)

Mein Sohn (meine Tochter), von deiner Jugend auf nimm Zucht an; und bis zum Greisenalter sollst du Weisheit ernten!

Nach Jesus Sirach 6, 18

Bildung ist jedem zugänglich, der den einzigen Satz festhält, daß er jeden Abend besser zu Bett gehen muß, als er morgens aufgestanden ist.

Paul Anton de Lagarde

Ins Unendliche strebt sich die Bildung
der Zeit zu erweitern,
aber dem breiteren Strom droht die
Verflachung bereits.

Emanuel Geibel

Jeder Mensch hat das Recht, am kulturellen Leben der Gemeinschaft teilzunehmen, sich der Künste zu erfreuen und am wissenschaftlichen Fortschritt und dessen Wohltaten teilzunehmen. Jeder Mensch hat das Recht auf Schutz der moralischen und materiellen Interessen, die sich aus jeder wissenschaftlichen, literarischen oder künstlerischen Produktion ergeben, deren Urheber er ist.

Artikel 27 der Menschenrechte

Die Kultur soll den Menschen in Freiheit setzen und ihm dazu behilflich sein, seinen ganzen Begriff zu erfüllen. Sie soll ihn also fähig machen, seinen Willen zu behaupten; denn der Mensch ist ein Wesen, welches will.

Friedrich von Schiller

Kunst ist die unbewußte, wirksame Betrachtung des Göttlichen.

Walter Rathenau

Die Kunst ist die irdische Schwester der Religion. Wenn wir ein Herz haben, sie zu vernehmen, dann werden wir erhoben und beseligt.

Adalbert Stifter

Jeder Mensch hat Anspruch auf eine soziale und internationale Ordnung, in welcher die .. angeführten Rechte und Freiheiten voll verwirklicht werden können.

Artikel 28 der Menschenrechte (gekürzt)

Die Kirche weiß wohl, daß kein zeitliches Werk mit dem Reich Gottes gleichzusetzen ist, sondern alle Werke nur Spiegelbild und in einem gewissen Sinne eine Vorwegnahme der Herrlichkeit jenes Reiches darstellen, das wir am Ende der Geschichte erwarten. Aber diese Erwartung dürfte niemals eine Entschuldigung dafür sein, sich nicht für die Menschen in ihrer konkreten persönlichen Lage und ihrem gesellschaftlichen Leben zu interessieren, und dies auf nationaler wie auf internationaler Ebene; denn diese beeinflußt jene, vor allem heute.

Papst Johannes Paul II.
(Enzyklika „Sollicitudo rei socialis")

Ordnung führt zu allen Tugenden. Was aber führt zur Ordnung?

Georg Christoph Lichtenberg

Jeder Mensch hat Pflichten gegenüber der Gemeinschaft, in der allein die freie und volle Entwicklung seiner Persönlichkeit möglich ist.

Artikel 29 der Menschenrechte (gekürzt)

Wenn wir täten, was wir sollten,
so tät' Gott auch, was wir wollten.

Johann Matthias Schneuber

Laß dir an dem Bewußtsein genügen, deine Pflicht getan zu haben! Andere mögen es erkennen oder nicht.

Christoph Martin Wieland

Unmöglich können wir das Betragen anderer mit Strenge prüfen, wenn wir nicht selbst zuerst unsere Pflicht erfüllen.

Demosthenes

Wir halten es für eine Wahrheit, die keines Beweises bedarf, daß alle Menschen vor ihrem Schöpfer gleich sind, daß er ihnen gewisse unveräußerliche Rechte verliehen hat, und daß zu diesen Rechten Leben, Freiheit und das Streben nach Glück gehören.

Thomas Jefferson (Unabhängigkeits-Erklärung der USA, 1776)

Wenn der Herrscher bloß durch Erlasse leitet und mit Strafandrohungen regiert, dann umgeht das Volk die Gesetze und macht sich kein Gewissen daraus; wenn der Herrscher dagegen im Guten voranschreitet und durch moralischen Einfluß regiert, dann bekommt das Volk selbst ein Gewissen und handelt dementsprechend gut.

Konfuzius

Das höchste Ziel einer Regierung ist nicht, zu herrschen, noch durch Furcht zu unterdrücken, noch Gehorsam zu verlangen, sondern im Gegenteil, jeden Menschen von Furcht zu befreien ... Tatsächlich, das wahre Ziel jeder Regierung ist die Freiheit.

Baruch de Spinoza

Die Menschenwürde hat ihre Wurzel darin, daß jeder Mensch Abbild und Widerschein Gottes ist. Daher sind alle Menschen in ihrem Wesen untereinander gleich. Die ganzheitliche personale Entfaltung ist die Manifestation dieses Bildes Gottes in uns. In der Gegenwart ist die Kirche sich dieser Wahrheit stärker bewußt geworden. Sie ist fest davon überzeugt, daß die Förderung der Menschenrechte eine Forderung des Evangeliums ist und daß sie deswegen in ihrem Dienst eine zentrale Stelle einnehmen muß …

Aus: „Botschaft über Menschenrecht und Versöhnung“, Römische Bischofssynode, Oktober 1974

Die Durchführung des Verkündigungsauftrages im sozialen Bereich, der ein Aspekt der prophetischen Dimension der Kirche ist, umfaßt auch die Offenlegung der Übel und Ungerechtigkeiten.

Papst Johannes Paul II.
(Enzyklika „Sollicitudo rei socialis“)

Am Anfang schuf der Herr den Menschen und übergab ihn seinem eigenen Wollen.
Du kannst, wenn du gewillt bist, die Gebote halten, nur Treue braucht es, seinen Willen zu erfüllen.
… Was dir gefällt, danach streck deine Hände aus!
Es liegen vor dem Menschen Tod und Leben; was ihm gefällt, wird ihm gegeben werden.

Jesus Sirach 15, 14–17

August

Wol auff mit mir in die eren
All die da schneyden wöllen leren
Siech auch gar eben auff das pret
Sy trinken weder wein noch met

WEISHEIT DER ANDEREN:

Das gleiche Gesetz und das gleiche Recht
gelte für euch und für den Fremden,
der sich bei euch aufhält.
Numeri 15, 16

Ich glaube an den einen Gott, blind für Hautfarben, den Schöpfer einer bunten Menschheit, der das Universum erschuf und eine Fülle von Kostbarkeiten ausschüttet zur gerechten Verteilung unter seinem Volk.
Ich glaube an Jesus Christus, geboren von einer Frau des einfachen Volkes, der verlacht, entstellt und hingerichtet wurde und am dritten Tag als Sieger erstand. Er fegt durch die Ratssitzungen an Gipfelkonferenzen, wo er die eiserne Herrschaft der Ungerechtigkeit stürzt. Er wird fortfahren, Gericht zu halten über den Haß und die Arroganz von Menschen.
Ich glaube an den Geist, der versöhnt, die eine Kirche der Entrechteten, die Gemeinschaft der Ungezählten, die leiden, die Macht, welche die entmenschlichenden Mächte besiegt. Ich glaube an die Auferstehung des Menschen in Gerechtigkeit und Gleichberechtigung und an den endgültigen Sieg brüderlicher Liebe.

Canaan Banana, ehemaliger Präsident von Simbabwe

Das Kreuz erdrückt uns, weil wir den aufrechten Balken meistens vergessen.

(Algerien)

Weisheiten des Judentums

Für drei Dinge muß man beten: einen guten König, ein gutes Jahr und einen guten Traum.

*

Zehn Teile Schönheit kamen herab in die Welt. Jerusalem erhielt neun, der Rest der Welt einen Teil.

*

Die Jugend ist ein Rosenkranz, das Alter ist ein Dornenkranz.

*

Durch drei Dinge unterscheidet sich der Mensch von dem anderen: durch seine Stimme, durch sein Gesicht und durch seine Ansichten.

*

Sogar in Gottes Zorn ist noch Barmherzigkeit.

*

Sei unter denen, denen man flucht, nicht unter denen, die fluchen.

*

Auf drei Säulen ruht der Bestand der Welt: auf der Wahrheit, auf dem Recht und auf dem Frieden.

Sprüche des Talmuds

Weisheiten des Islams

Ein jeder Mensch dient als Pfand für seine Handlungen.

*

Die Tinte des Gelehrten und das Blut des Märtyrers haben vor dem Himmel den gleichen Wert.

Suren des Korans

Glaube und Pflichten eines gläubigen Muslims:

Es gibt keinen Gott außer Allah; und Mohammed ist sein Gesandter.

*

Bete fünfmal täglich an einem beliebigen Ort in Richtung Mekka; freitags jedoch bete unbedingt in einer Moschee!

*

Gib den Armen regelmäßig ein Almosen!

*

Im Monat Ramadan sollst du von Sonnenaufgang bis zum Sonnenuntergang fasten!

*

Wallfahrte einmal im Leben zur Kaaba nach Mekka!

Weisheiten des Siddharta Gautama, genannt Buddha, der „Erleuchtete" und „Erwachte"

Was ist die Welt? Das, worin Vergehen waltet.

*

Nicht durch Feindschaft kommt in dieser Welt Feindschaft zur Ruhe. Durch Nichtfeindschaft kommt sie zur Ruhe.

*

Als Buddha unter dem Boddhi-Baum (Feigenbaum) meditierte; kam ihm die Erleuchtung von den vier edlen Wahrheiten:

- Alles ist Leid.
- Ursache des Leides ist der Durst, d. h. unsere Begierden nach Genuß, Leistung, Geltung u. a.
- Heilung vom Leid geschieht nur durch Beherrschung, d. h. Bekämpfung der Gier.
- Eine Lösung dieses Zieles ist das achtteilige Rad:

Von der rechten Anschauung kommst du zur rechten Gesinnung. Die wiederum führt zur rechten Rede und eine solche zur rechten Tat. Daraus ergibt sich rechter Lebenserwerb, was zum rechten Streben leitet. Und erwächst rechtes Überdenken (Wahrheit). Das mündet ein in rechte Beherrschung des Geistes; und dann dreht sich das Rad erneut weiter.

Weisheiten des Hinduismus

Wenn wir irgend jemand Unrecht taten, o Varuna, sei er ein Glaubensverwandter oder gar Glaubensgenosse, sei er Bruder oder Eingesessener, sei er verwandt oder fremd, dann vergib uns, Varuna, dies Unrecht.
Wenn wir beim Spiel, wie es leicht geschieht, betrogen haben, von jeder Sünde, die wir kennen, von jeder, die vergessen wurde, diese Verstrickungen alle entwirre, o Gott.
Und dann, o Varuna, laß uns Dich wieder lieben.

Gebet zu Varuna, aus „Liebe ohne Tod", Rigveda

Nichts Gutes kommt aus der Gewalt. Sie erzeugt nur wieder Gewalt, so wie Haß nur Haß hervorbringt.

*

Stärker aber als Macht und Gewalt sind Aufopferung und Liebe.

*

Keine Lüge darf angewendet werden, auch dann nicht, wenn es um das Beste des Landes geht.

*

Du mußt dich weigern zu töten.

*

Es gibt kein Recht, das uns zum Herrn über fremdes Leben macht.

Worte des Mahatma Gandhi

Weisheiten des Konfuzius (Kung-Fu-Tse)

Ein Mensch ohne Glauben: Ich weiß nicht, was mit einem solchen zu machen ist. Ein großer Wagen ohne Joch, ein kleiner Wagen ohne Kummet, wie kann man den voranbringen?

*

Wenn ihr eure Andacht verrichtet, so denkt euch die Gottheit als gegenwärtig.

*

Erzähle mir die Vergangenheit, und ich werde die Zukunft erkennen!

*

Menschenliebe ist das Wesen der Sittlichkeit, Menschenkenntnis das Wesen der Weisheit.

*

Lernen, ohne zu denken, ist eitel, denken, ohne zu lernen, gefährlich.

Weisheiten des Lao-Tse

Um seine männliche Schöpferkraft wissen und doch seine weibliche Empfänglichkeit bewahren, heißt zum Strombett des Lebens werden.

*

Die alten Weisen, Täter des Tao, brachten den Menschen nicht die Vielfalt des Wissens, sondern lehrten die Einfalt der Weisheit. Denn Vielwisser sind Zielungewisse und schwer zu leiten. Wer die Menschen nur durch Wissensmehrung fördern will, führt sie ins Verderben.

*

Wen der Himmel bewahren will, den erfüllt er mit Güte.

*

Alle Welt weiß: Wenn Schönheit schön sein will, wandelt sie sich in Häßlichkeit. Wenn Güte als gut gelten will, wird sie zu Ungutem. So nah sind Sein und Nichtsein.

Weisheiten aus Afrika

Die Sorge ist wie ein kostbarer Schatz, den man nur guten Freunden zeigt.

Madagaskar

*

Die kleinen Sterne leuchten immer, während die große Sonne oft untergeht.

Kalahari

*

Das Gute verkauft sich von selbst, das Schlechte nur mit Mühe.

Tansania

*

Wenn man den Weg verliert, lernt man ihn kennen.

Ostafrika

*

Klugheit erwirbt man durch Narben.

Lesotho

*

Wende dein Gesicht der Sonne zu, dann fallen die Schatten hinter dich.

Kalahari

Weisheiten aus Abessinien

Kein Zeuge ist besser als die eigenen Augen.

*

Die Wahrheit und der Morgen klären sich nach und nach auf.

*

Das Wunderbare und das Erstaunliche halten nicht länger als eine Woche in Aufregung.

*

Die Weisheit, die im Herzen eingeschlossen ist, gleicht dem Licht im Kruge.

Weisheiten aus Ägypten

Die Welt ähnelt einem Tanzgirl. Sie tanzt mit jedem nur eine kurze Weile.

*

Der Tag, der vergeht, ist besser als der, der kommt.

*

Die Rede der Nacht ist mit Butter getränkt: Wenn der Tag darauf scheint, zerfließt sie.

*

Der Kapitän hat eine andere Rechnung als der Matrose.

*

Der Eilfertige und der Lahme treffen sich auf der Fähre wieder.

Weisheiten aus Nordamerika

Gold wird durch Feuer geprüft, die Frau durch Gold, der Mann durch die Frau.

*

Jedes Problem hat zwei Seiten: die falsche und die unsrige.

*

Niemand hat ein Recht auf alle seine Rechte.

*

Wer dem Erfolg auf den Grund geht, findet Beharrlichkeit.

*

Willst du etwas gut gemacht haben, so tue es selber.

Kanada

Hör zu, sonst macht dich deine Zunge taub.

Indianer-Spruchweisheit

Weisheiten aus Mittelamerika

Auch auf dem besten Felde gibt es Unkraut.
Jamaika

Eine kleine Axt kann einen starken Baum umhauen.
Jamaika

Wenn die Nacht herabsinkt, stirbt das Gesicht.
Aztekenspruch

Das Wasser, das du nicht trinken kannst, laß fließen!
Mexiko

Vom gefällten Baum machen alle Kleinholz.
Mexiko

Weisheiten aus Südamerika

Nur wer an die Zukunft glaubt, glaubt an die Gegenwart.

Brasilien

Viele werden geboren, aber wer davon wird je wirklich geliebt werden?

Brasilien

Gute Kost ist der Tod der Wespe.

Surinam

Die Finsternis verbirgt den Schmutz nicht.

Surinam

Mit jedem Male, da du einem anderen verzeihst, schwächst du ihn und stärkst dich selber.

Peru

Weisheiten aus Asien

Hohe Gedanken entspringen der Tiefe des Herzens.
China

Gib dem Hungernden von deinem Reis – und dem Leidenden von deinem Herzen.
China

Fürchte dich nicht vor dem langsamen Vorwärtsgehen, fürchte dich nur vor dem Stehenbleiben.
Hongkong

Wer keine Zeit hat, ist ärmer als ein Bettler.
Nepal

Wer lächelt, statt zu toben, ist immer der Stärkere.
Japan

Der Bambuszweig biegt sich unter der Gewalt des Windes und unter der Last des Schnees, hält aber stand.
Japan

Weisheiten aus Vorderasien

Liebst du dein Kind, dann schicke es auf Reisen.

Iran

Den wahren Geschmack des Wassers erkennt man in der Wüste.

Israel

Menschenherz und Meeresboden sind unergründlich.

Israel

Wehe dem Kopf, an dem Barbiere lernen wollen!

Türkei

Wenn du vernimmst, daß ein Berg versetzt worden sei, so glaube es! Wenn du aber vernimmst, daß ein Mensch seinen Charakter geändert habe, so glaube es nicht.

Arabien

Weisheiten aus Australien

Wenn der Magen voll ist, singen die Vögel, und die Menschen lachen.

*

Je öfter du unterwegs fragst, wie weit du noch zu gehen hast, um so länger wird dir der Weg erscheinen.

*

Wer als Erster geht, sammelt die Schätze ein.

*

Ein träger Mensch hat immer einen leeren Magen.

*

Ein guter Hirte schert seine Schafe, aber er zieht ihnen nicht das Fell über die Ohren.

Weisheiten aus Albanien

Für die Maus ist die Katze ein Löwe.

*

Es ist hart zu leben; aber härter ist es noch zu sterben.

*

Arbeite wie ein Sklave; und iß wie ein Lord!

*

Ein leerer Magen kann nicht gut springen, ein voller überhaupt nicht.

*

Besser ein Nachbar über der Mauer als ein Bruder über der See.

Weisheiten aus Belgien

Freude und Angst sind Vergrößerungsgläser.

Flandern

Zwei Narren in einem Hause machen einen großen Lärm.

Flandern

Wirf deine alten Schuhe nicht weg, ehe du neue hast.

Flandern

Wer gut für sein Schwein sorgt, der wird es in seinem Gemüse wiederfinden.

Wallonien

Wer tut, was er kann, der tut, was er soll.

Wallonien

Weisheiten aus Bulgarien

Besser mit Klugen in die Hölle als mit Narren ins Paradies.

*

Aus einer Krähe wird niemals eine Taube.

*

Die großen Bäume reißt der Sturm aus, die kleinen biegt er.

*

Hast du auch sonst keinen Feind – mit dir selber hat dir deine Mutter den größten mit auf den Weg gegeben.

*

Rutsch lieber mit dem Fuß aus als mit der Zunge!

Weisheiten aus Skandinavien

Wenn die Freude in der Stube ist, lauert die Sorge im Flur.

Dänemark

Es ist nicht alles Gottes Wort, was der Pfarrer spricht!

Schweden

Gott straft nicht den Menschen, sondern die Sünde.

Norwegen

Nicht entgeht dem Tode, wer der Geburt nicht entgangen ist.

Finnland

Die Lüge reitet, die Wahrheit schreitet, kommt aber doch zur rechten Zeit an.

Lappland

Weisheiten aus Grossbritannien, Irland, Island

Wahrheit hat ein gut Gesicht, aber schlechte Kleider.
Großbritannien

Geben ist ein guter Bursche; aber er wird bald müde.
Schottland

Wer stets zu den Sternen aufblickt, wird bald auf der Nase liegen.
Schottland

Lausch' auf den Ton des Wassers; und du wirst eine Forelle fangen.
Irland

Die Wahrheit sinkt mitunter nieder, verliert doch nie ihren Atem.
Island

Weisheiten aus Estland, Lettland, Litauen

Sowie man den Topf lobt, zerbricht er.

Estland

Ein Feind tut mehr Übel, als neunundneunzig Freunde Gutes tun.

Estland

Zeit macht aus einem Gerstenkorn eine Kanne Bier.

Lettland

Wer in der Jugend Gott dem Herrn in die Augen gespien, kommt im Alter und will ihn auf Händen tragen.

Litauen

Mit fremdem Verstande wirst du nicht weit reisen.

Litauen

Weisheiten aus Frankreich

Wenn du die Männer verstehen willst, studiere die Frauen.

*

Die großen Ochsen ziehen nicht die großen Furchen.

*

Die Nacht ist die Mutter von Gedanken.

*

Wenn der Teufel alt wird, will er Mönch werden.

*

Wer da trinket guten Wein,
dem schaut Gott ins Herz hinein.

Weisheiten aus Griechenland

Die Krabbe ist in ihrem Loche ein großer Herr.

*

Nur der Nagel war schuld, daß das Hufeisen verlorenging.

*

Die Wahrheit schwimmt gleich dem Öl auf dem Wasser.

*

Frage nicht den Doktor, sondern den, der krank gewesen ist.

*

Wer hinter mehreren Hasen herläuft, fängt keinen.

Weisheiten aus den Niederlanden

Heute ist heute; aber morgen ist ein unbegreiflicher Tag.

*

Den Wind kann man nicht verbieten; aber man kann Mühlen bauen.

*

Das Auge der Frau macht das Zimmer rein.

*

Soviel Häuser, soviel Dächer.
Soviel Mäuler, soviel Geschmäcker.

*

Eines weisen Mannes Ernte währet das ganze Jahr.

Weisheiten von der Iberischen Halbinsel

Besuche machen immer Freude: wenn nicht beim Kommen, dann beim Gehen.

Portugal

*

Dem Unkraut schadet der Frost nicht.

Portugal

*

Auf Bajonette kann man sich stützen. Aber man kann nicht auf ihnen sitzen.

Spanien

*

Wo alle Befehle erteilen, braucht keiner zu gehorchen.

Spanien

*

Wer beten lernen möchte, muß sich aufs Meer begeben.

Spanien

Weisheiten aus Polen, Rußland, Ukraine

Es ist leichter, hundert Uhren in Übereinstimmung zu bringen als zehn Weiber.

Polen

*

Die erste Frau von Gott, die zweite vom Menschen, die dritte vom Teufel.

Polen

*

In der geballten Faust sind alle Finger gleich.

Rußland

*

Gott verkauft Weisheit für Arbeit und Leiden.

Ukraine

*

Um über andere zu urteilen und sie zu verurteilen, mußt du ein Heiliger sein.

Ukraine

Weisheiten aus Rumänien

Sitze nicht mit dem Hintern in zwei Kähnen!

*

Verkaufe nicht den Pelz des Fuchses im Walde!

*

Wer nicht das Bittere gekostet hat, weiß nicht, was Zukker ist.

*

Bei fleißigen Menschen schaut die Armut nur zum Fenster hinein. Sie wagt nicht einzutreten.

*

Der Löwe sieht sich nicht um, wenn ihn ein Hündchen ankläfft.

Weisheiten aus der Schweiz

Eine Jungfrau, ein Auge und der Glaube lassen nicht mit sich scherzen.

*

Es isch no all Tag Abend geworden!

*

An Erfahr'ne isch über an G'lehrte.

*

Es isch besser e Schoppen zvil zahlt, als eine zvil trunke.

*

Willst du den Bau dereinst nicht beweinen,
dann baue nur ja mit eigenen Steinen!

Weisheiten aus der Tschechoslowakei

Die Welt führt genauso wenig zur Hölle wie das Kloster zum Paradies.

*

Gerechtigkeit ist Macht.

*

Krähe setzt sich neben Krähe.

*

Wer in einem Streit zuerst still ist, stammt aus gutem Hause.

*

Mit jeder gelernten Sprache erwirbst du eine neue Seele.

Weisheiten aus Ungarn

Der Könige König ist die Vergänglichkeit.

*

Es gibt auf dieser Welt keinen Platz, von dem aus nicht ein Pfad zur Hölle führte.

*

Kein Mensch ist so reich, daß er nicht seinen Nachbarn brauchte.

*

Unter einem leeren Sack wird meist mehr gestöhnt als unter einem vollen.

*

Sogar eine weiße Lilie wirft einen schwarzen Schatten.

September

Gůtes mostes hab ich vil
Wem ich dem geben wil
In disem monat solt du nit gon
Und solt zu der leber andern lon

Leitlinien-Leitplanken-Leitbilder-Leitsterne!
Oder:
Per Aspera ad Astra
(Aus dem Dunkel zu den Sternen)

Madeleine Delbrêl (1904–1964)
Französische Schriftstellerin, Konvertitin, im kirchlichen Sozialdienst tätig.

Unser großer Schmerz ist es, daß wir dich ohne Freude lieben, o du, von dem wir „glauben", du seist unser Jubel; daß wir, ohne Behagen und Anmut an deinen Willen gekrampft sind, der unsere Tage bewegt. Ein großer Schmerz für uns ist es, daß wir deine schöne Musik so freudlos spielen, Herr, der du uns Tag um Tag bewegst. Daß wir immer noch bei den Tonleitern sind, bei der Zeit der anmutslosen Bemühungen. In jeder Periode der Geschichte hat Gott einer Reihe von Menschen den Auftrag erteilt, das Evangelium nach dem Urtext vorzuleben, in ihrer Person „mit Leib und Blut", sozusagen eine zeitgemäße Originalausgabe darzustellen.

Madeleine Delbrêl

Ein großer Meister weckt Nacheiferung und gibt dem Urteil höhere Gesetze.

Friedrich von Schiller

Hl. Aurelius Augustinus (354–430)
Afrikanischer Schriftsteller und Rhetor, Kirchenlehrer, Bischof zu Hippo.

Wie die Wurzel allen Übels die Ichsucht ist, so ist auch die Wurzel alles Guten die Liebe. Ohne sie ist der Reiche arm, mit ihr der Arme reich.

Augustinus

Deine Worte: Goldgrund unseres Alltags! Aber erst mußtest du Sümpfe des Abscheus, Pfützen des Unglaubens, Stromschnellen der Sünde durchschwimmen und durchwaten, bis das Meer der Tränen dich netzte, die deine Mutter vergoß. Du erkanntest, wie unmöglich es ist, der Wirklichkeit Gottes zu widerstehen, sie gar auszuschöpfen! Aber du warst auch ehrlich genug, Niederlagen nicht zu verschweigen: Bekenner, Lehrer, Liebender, Vater der Weisheit!

Alfred Müller-Felsenburg

Sel. Maria Droste zu Vischering (1863–1899)
Ordensfrau in Münster, Oberin zu Porto.

Ich habe das große Almosen Gottes empfangen. Jetzt drängt mich die Liebe des Erlösers. So bitte ich dich, ewige Liebe, für alle Menschen. Laß mich deine Liebe in ihre Herzen ergießen, laß mich erbarmungsvoller der Armen, der Gebeugten, der Gefallenen annehmen und alle hinführen zu dir ...

Maria Droste zu Vischering

Wie schwer war es dir,
einer Hure die Hand zu reichen!
Aber dieser Augenblick wurde Beginn eines Lebens in Christus.
Ein Dasein ohne Abstriche, konkret erlittenes Christ sein.
Nur wenige Jahre waren dir vergönnt;
aber du branntest wie eine Kerze, angezündet an zwei Enden.
Du riebst dich auf für deine Schützlinge und das Kloster in Porto.
Jesus offenbarte sich in Visionen.
Auf Triumphe mußtest du verzichten.
Doch du gewannst
Leben aus erster Hand.

Alfred Müller-Felsenburg

Dietrich Bonhoeffer (1906–1945)
Evangelischer Pfarrer, Publizist, Widerstandskämpfer, hingerichtet in Flossenbürg.

Nicht das Beliebige, sondern das Rechte tun und wagen,
nicht im Möglichen schweben, das Wirkliche tapfer ergreifen,
nicht in der Flucht der Gedanken, allein in der Tat
ist die Freiheit.
Tritt aus ängstlichem Zögern heraus
in den Sturm des Geschehens,
nur von Gottes Gebot und deinem Glauben getragen,
und die Freiheit wird deinen Geist jauchzend empfangen.

Dietrich Bonhoeffer

Gott, zu dir rufe ich in der Frühe des Tages.
Hilf mir beten
und meine Gedanken sammeln zu Dir:
ich kann es nicht allein.

Dietrich Bonhoeffer

Gertrud von Le Fort (1876–1971)
Deutsche Schriftstellerin, Konvertitin.

Ich habe die katholische Kirche zwar nicht als Gegensätzliches zur evangelischen erlebt, wohl aber als deren Heimat. Ich erkenne die Reformation als zu ihrer Zeit sicherlich von Gott gewollte Bewegung an ... Aber ich kann sie nicht in ihrer Notwendigkeit als dauernden Zustand der Trennung erkennen, eben weil ich die Trennung nicht durch unüberwindliche religiöse Gegensätze gerechtfertigt finde ...

Gertrud von Le Fort

Gebete sind Straßen ins Jenseits.

Gertrud von Le Fort

Nach einer Begegnung mit Edith Stein:
Ich erblickte ein Antlitz von unbeschreiblich verklärter Freude, das mir immer unvergeßlich bleiben wird – ich habe nur zweimal im Leben ein Menschenantlitz gesehen, das mich als das eines Heiligen überwältigte: Schwester Teresa Benedicta a Cruce und Papst Pius X.

Gertrud von Le Fort

Pierre Teilhard de Chardin (1888–1955)
Französischer Jesuitenpater, Paläontologe und Anthropologe, entwickelte die Lehre von der kosmischen Evolution.

Teilhards Leitmotiv:
„Versöhnung von Glaube und Wissen, Kirche und Welt!“
Pierre Teilhard de Chardin

Die Erde soll mich diesmal nur mit ihren Riesenarmen ergreifen. Sie soll mich mit ihrem Leben schwellen oder mich in ihren Staub zurückholen. Sie kann sich vor meinen Augen mit allem Zauber, mit allen Schrecken und mit allen Geheimnissen schmücken. Sie kann mich mit dem Wohlgeruch ihrer Greifbarkeit und Einheit trunken machen. Sie kann mich in der Erwartung dessen, was in ihrem Schoß heranreift, auf die Knie zwingen. Ihre Bezauberungen können mir nicht mehr schaden, seitdem die Erde für mich jenseits ihrer selbst zum Leib dessen geworden ist, Der ist und Der kommt!
Pierre Teilhard de Chardin

Chiara Lubich (geb. 1920)
Italienische Lehrerin, Gründerin der Fokolare-Bewegung. Ihr christlich-religiöses Lebensprinzip lautet: „Alle sollen eins sein!"

Ich darf nie vergessen, daß die Wirklichkeit in mir ist. Ich muß also den Brüdern vor allem das lebendige Wasser geben, das aus dem Grunde der Seele quillt: die zarte Stimme Gottes, die uns Licht und Ansporn ist.

Chiara Lubich

Die Liebe ist wie ein Feuer, das brennt, wenn es sich Brennbarem mitteilt, sonst aber erlischt. Eilen wir voran; denn das Licht brennt nur in der Seele, in der die Liebe lebendig und in Bewegung bleibt.

Chiara Lubich

Alfred Delp (1907–1945)
Jesuitenpater, Sozialwissenschaftler, Schriftsteller, Widerstandskämpfer, hingerichtet in Berlin-Plötzensee.

Brot ist wichtig, die Freiheit ist wichtiger, am wichtigsten ist die ungebrochene Treue. – Gottes Kraft geht alle Wege mit. – Wenn durch einen Menschen ein wenig mehr Liebe und Güte, ein wenig mehr Licht und Wahrheit in der Welt war, hat sein Leben einen Sinn gehabt.

Alfred Delp

So lange der Mensch menschenunwürdig und unmenschlich leben muß, so lange wird der Durchschnitt den Verhältnissen erliegen und weder beten noch denken. Es braucht die gründliche Änderung der Zustände des Lebens.

Alfred Delp

Hl. Mathilde (895–968)
Ehefrau König Heinrichs I., Gründerin vieler Kirchen und Klöster, engagierte Helferin der Armen und Entrechteten.

Königliche Frau, stolze Sachsentochter, du bezwangst immer wieder dein flammendes Herz, um Frieden zu stiften und Gemeinschaft zu wahren. Deine Liebe galt den Armen. Ihnen schenktest du bis zur Erschöpfung all deiner Güter und Habe, wissend, daß dem, der alles gibt, viel genommen, aber schließlich der *Reichtum Gottes* zuteil wird.

Alfred Müller-Felsenburg

Es ist das Recht der Mütter, für ihre Kinder zu flehen!

Hl. Mathilde

Eine Mutter findet stets einen Weg.

Hl. Mathilde

Hl. Franziskus von Assisi (1182–1226)
Büßer, Wanderprediger, Kirchenreformer, Ordensgründer, Friedensstifter, Dichter, Stigmatisierter.

Gelobt seist du, Herr, mit allen Wesen, die Du geschaffen, der edlen Herrin vor allem, Schwester Sonne, die uns den Tag heraufführt und Licht mit ihren Strahlen, die Schöne, spendet; gar prächtig in mächtigem Glanze: Dein Gleichnis ist sie, Erhabener.

Aus dem Sonnengesang des Hl. Franziskus

Umbrisches Braun der Kutte,
vom Gestank und Schweiß des Verrückten getränkt,
schleift faltig über den Boden.
Francesco Bernardone:
Auswurf der guten Gesellschaft,
Hippie der Kirche,
Gammler der Vernunft,
Dieb und Enterbter.
Dann rief dich der Herr;
und du bautest am *Dom der Zeit.*
Seltsame Bauleute werden berufen!

Alfred Müller-Felsenburg

Wir sollen Franziskus nicht kopieren, aber von ihm eine neue Lebensweise lernen.

Papst Paul VI.

Sel. Mechthild von Magdeburg (1208 od. 1210–1282 od. 1294)
Deutsche Dominikanerin, Mystikerin, Dichterin.

Ich lobe dich, Herr, errettet durch deine Barmherzigkeit.
Ich lobe dich, Herr, gerettet durch deine Erniedrigung.
Ich lobe dich, Herr, geführt durch deine Milde.
Ich lobe dich, Herr, regiert durch deine Weisheit.
Ich lobe dich, Herr, beschirmt durch deine Macht.
Ich lobe dich, Herr, geheiligt durch deine Gnade.
Ich lobe dich, Herr, erleuchtet durch dein inneres Licht.

Mechthild von Magdeburg

Gott leitet seine Kinder, die er erwählt hat, wunderbare Wege.

Mechthild von Magdeburg

Charles de Foucauld (1858–1916)
Französischer Offizier, Forschungsreisender, Priester, Büßer, Eremit, „Heiliger der Sahara", ermordet im Hoggar-Gebirge.

Mein Gott, wenn es dich gibt, so laß mich dich erkennen.

Charles de Foucauld

Aus seinem letzten Brief, am Tage seines Todes geschrieben an Marie de Bondy (01.12.1916):
„Man wird nie genug lieben; aber der gute Gott, der weiß, aus welchem Lehm er uns geknetet hat, der uns viel mehr liebt, als eine Mutter ihr Kind lieben kann, er, der nicht lügt, hat uns gesagt, daß er den nicht zurückweisen wird, der zu ihm kommt."

Charles de Foucauld

Hl. Maria Maddalene de'Pazzi (1566–1607)
Italienische Karmelitin, Mystikerin, Verfasserin vieler Briefe an den Papst, um die Reform des Tridentinums voranzutreiben.

Im Paradies werde ich nicht mehr aus Liebe zu Gott leiden können. Darum möchte ich nicht sterben!

Maria Maddalena de'Pazzi

„Leiden, nicht sterben!"
wer von uns begriffe dieses Wort,
den Schrei aus dir?
Gott gönnte dir alle mystischen Glücksempfindungen;
aber er ließ auch zu,
daß du durch Wüsten der Einsamkeit,
Ödnisse des Verlassenseins wandern mußtest.
Opfer für andere?
Du vergaßest nie, Kranken zu dienen,
Menschen aufzurütteln, damit die Welt Gottes
nicht völlig dem Bösen anheimfiel.
Wie notwendig wärest du uns heute!

Alfred Müller-Felsenburg

Vielleicht heißt ‚leiden' nichts anderes, als ein tieferes Leben führen.

Alexander Vinet

Dag Hammarskjöld (1905–1961)
Schwedischer Jurist, Beamter, Minister, Generalsekretär der Vereinten Nationen, mysteriöser Tod während einer Friedensmission in Afrika.

Das Unerhörte:
in Gottes Hand zu sein!

Dag Hammarskjöld

Ich bin unter deiner Hand, und alle Kraft und Güte sind in dir.

Dag Hammarskjöld

Ich bin das Gefäß; Gott ist der Trank und Gott der Dürstende.

Dag Hammarskjöld

Das Beste und Herrlichste, wozu man in diesem Leben gelangen mag, ist, daß du schweigst und Gott wirken und sprechen läßt.

Dag Hammarskjöld

Ruth Schaumann (1899–1975)
Deutsche Schriftstellerin, Graphikerin und Bildhauerin.

Ich gehöre meinem Herrn,
und er wird darob verfügen:
Wird mich ernten und mich pflügen
bis zu meinem tiefsten Kern.

Ruth Schaumann

Tod wirft vom Himmel nieder
Blitz, Flammen, Erz und Rauch,
Und singt er seine Lieder,
Ich selber singe auch:

Gegrüßt, der mich erschaffen,
Mich flirrend Körnlein Sand,
Und steht die Welt in Waffen,
Ich steh' in Gottes Hand.

Gegrüßt sein Sohn in Leiden,
Sein Geist in Liebe frei!
Und soll ich heut verscheiden,
Steht mir dreieinig bei!

Dann mag dem Tod gelingen
Sein Wurf durch Angst und Pein,
Ich selber werde singen
Und sterbend lebend sein.

Ruth Schaumann, Ich steh' in Gottes Hand

Papst Johannes XXIII. (1881–1963)
Italienischer Priester, Bischof, Papst, Reformer der Kirche (bürgerlich: Angelo Roncalli)

Man muß vor allem die Freiheit jedes Menschen achten. Gott tut es auch.

Papst Johannes XXIII.

Wir sind nicht auf der Erde, um ein Museum zu hüten, sondern um einen Garten zu pflegen, der von blühendem Leben strotzt und für eine schönere Zukunft bestimmt ist.

Papst Johannes XXIII.

Das Leben dieses Mannes war bestimmt von Güte, Heiterkeit und Zuneigung zu den Menschen. Das schlug sich in vielfachen Anekdoten nieder:
Um seine Meinung über den Kommunismus befragt, sagte Johannes XXIII. einmal: „Die Kommunisten sind die Feinde der Kirche, aber die Kirche kennt keine Feinde."

Gottfried Heindl

Hl. Hildegard von Bingen (1098–1179)
Deutsche Äbtissin, Mystikerin, Heilkundige, Begründerin der wissenschaftlichen Naturgeschichte, Musikerin.

Am Ende der Zeit, am Jüngsten Tag, erstrahlen alle Werke Gottes in seinen Auserwählten. Alles ist vollendet. Der auf dem Throne sitzt, hat kein Ende.

Hl. Hildegard von Bingen

„Tischgenossin Gottes, Prophetin Deutschlands, Wunder des 12. Jahrhunderts …"
So riefen dich deine Zeitgenossen.
Barbarossa bat dich zum Gespräch.
Er und König Konrad III. mußten sich dennoch gefallen lassen, von dir gescholten zu werden:
„Bessere dich, daß du nicht mehr über deine Tage zu erröten brauchst …"
Viele wären ohne deinen Würzgarten hilflos geblieben.
Liebreich standest du Kranken bei;
aber rochest du ein Unrecht,
gerietest du in wachsenden Zorn und Widerspruch.
Als du starbst, weinte der Rheingau!

Alfred Müller-Felsenburg

Sel. Arnold Janssen (1837–1909)
Deutscher Lehrer, Priester, Ordensgründer.

Es ist wahr: Alles Menschliche ist mit Armseligkeit behängt, vorne und hinten, rechts und links. Wollen Sie also den Mut nicht verlieren, wenn Sie Armseligkeiten bemerken. Erinnern Sie sich daran, daß ein guter Vater die Armseligkeiten seiner Kinder ertragen und nie aufgeben soll.

Arnold Janssen

Besser etwas niedrig fliegen, bis man sieht, daß die Flügel gewachsen sind, als sich zu früh der Gefahr eines Ikarus auszusetzen.

Arnold Janssen

Aus dem Holze wächst die Flamme – von dem Opfer lebt die Liebe.

Arnold Janssen

Adrienne von Speyer (1902–1967)
Deutsche Ärztin, Konvertitin, Mystikerin.

Gott gegenüber gibt es nur eine Art der Verteidigung: restlose Kapitulation mit Übergabe aller Schlüssel.

Adrienne von Speyer

Als ein gewissenloser Arzt einmal die Schuld am Tode eines Patienten auf eine Krankenschwester abschob, betrieb Adrienne von Speyer einen entrüsteten Vorlesungsboykott des Professors, bis er seinen Lehrstuhl aufgeben mußte.

Nach „Berufe der Kirche" (Infoblatt)

Nur über Stufen steigt einer zur Höhe der Treppe.

Sprichwort aus der Türkei

Martin Luther King (1929–1968)
Amerikanischer Baptistenpfarrer, Bürgerrechtler, Vertreter gewaltlosen Widerstands. Er wurde von Rassisten ermordet.

Ich möchte, daß ihr an meiner Bahre sagt, daß ich ein Trommler war für Gerechtigkeit, für Frieden, für Gottes Wort. Wenn ich einem von euch, meinen Brüdern, den Weg zur Erlösung gezeigt, die Botschaft des Herrn verbreitet habe, dann war mein Leben nicht umsonst.

Martin Luther King

Ich habe einen Traum, der im amerikanischen Traum verwurzelt ist. Ich habe einen Traum, daß eines Tages die Söhne früherer Sklaven mit den Söhnen früherer Sklavenbesitzer in den Roten Bergen von Georgia am Tisch der Brüderlichkeit zusammensitzen. Ich habe einen Traum, daß eines Tages meine Kinder nicht nach ihrer Hautfarbe, sondern nach ihrem Charakter beurteilt werden.

Martin Luther King

Hl. Teresa von Avila (1515–1582)
Spanische Karmelitin, Klostergründerin, Ordensreformatorin, Mystikerin, Schriftstellerin, Kirchenlehrerin.

Wer sich am Gekreuzigten freuen will, muß ihm das Kreuz nachtragen.

Hl. Teresa von Avila

Du bist allmächtig, und deine Werke sind unbegreiflich. Laß mir doch deine Worte nie aus dem Sinn kommen.

Hl. Teresa von Avila

Bei jedem Werke und zu jeder Stunde erforsche dein Gewissen! Bemerkst du Fehler, so suche sie mit der Gnade Gottes zu bessern! Auf diese Weise wirst du die Vollkommenheit erreichen.

Hl. Teresa von Avila

Sel. Maximilian Kolbe (1894–1941)
Polnischer Franziskaner, Dr. theol., Publizist, er ließ sich an Stelle eines Familienvaters in Auschwitz ermorden.

Franciszek Gajowniczek berichtet (Auszug):
... „Was will dieses Polenschwein?" hatte Fritsch irritiert gefragt. „Ich bin ein katholischer Priester", hatte Kolbe geantwortet, „und ich bin ziemlich alt. Ich möchte seinen Platz einnehmen (und dabei zeigte er auf mich). Er hat Frau und Kinder." Der Oberst wußte zunächst nicht, was er antworten sollte. „Er ist ein Pfaffe", sagte er zu dem Offizier an seiner Seite und fügte dann kurz hinzu: „Akzeptiert." ...

Erloschene Augen blicken ins Blinde,
wohin niemand mehr schaut.
Gefährten krallen Hände in den Boden,
umlagern den Sitzenden.
Sein Schritt in den Tod
geschah nicht ohne Furcht.
Aber das Meer der Tränen
spült ihn ans Land
der Verheißung.

Alfred Müller-Felsenburg

Hl. Theresia von Lisieux (1873–1897)
Französische Karmelitin, Patronin der Mission.

Endlich habe ich meine Befreiung gefunden: Meine Berufung ist die Liebe! Im Herzen der Kirche, meiner Mutter, werde ich die Liebe sein, so werde ich alles sein.

Hl. Theresia von Lisieux

Voller Rosen ist Therese,
Die vom Paradies erscheint.
Meine Nase wittert leise,
Möchte fassen, was sie meint.

Taubedeckt, in großen Büschen
Liegen Rosen, rot und weiß,
Auf dem Herzen ihr und zwischen
Beiden Ärmeln, haufenweis.

Alles schenkt sie hin aufs Mal,
Blut und Dornen, Strauß, Gebet!
Wie entscheiden? Keine Wahl!
Gib es ganz mir, dein Paket!

Schwester du, zärtlich und schlau,
Welch ein Pack? Wer kann's erraten?
Was ich zu deuten mich nicht trau,
Kann ich wenigstens eratmen!

Paul Claudel

Max Josef Metzger (1887–1944)
Deutscher Priester, Mitbegründer der Una-Sancta-Bewegung, Widerstandskämpfer, hingerichtet in Brandenburg.

Ich habe mein Leben für den Frieden der Welt und die Einheit der Kirche Gottes angeboten. Wenn Gott es annimmt, freue ich mich. Wenn er mir noch weiter das Leben schenkt, bin ich auch dankbar. Wie Gott will.
Ich hatte in der kurzen Zeit, die die Richter zur „Findung" des Urteils brauchten, für sie gebetet, daß sie als Werkzeuge Gottes handeln möchten, wie es zur Verherrlichung Gottes diene. Und ich war, nachdem so viele für mich gebetet hatten, überzeugt, daß das, was geschieht, jedenfalls so in Gottes Willen liegt und daher mein rückhaltloses Ja verlangt, das ich zu geben bereit war.
Als ich am Anfang in die Zelle zurückkam, habe ich mich niedergekniet und habe Gott gedankt, daß er mich so in die Jüngerschaft Christi hineingezogen hat, und ihn gebeten, mir das starke Herz bis zuletzt zu wahren.

Max Josef Metzger

Hl. Walburga (710–779)
Deutsche Missionshelferin, Obere eines Doppelklosters.

Sag nicht: Ich bin noch zu jung. Wohin ich dich sende, sollst du gehen; und was ich dir auftrage, sollst du verkünden.

Jeremia 1, 17

Vielen Frauen warst du Vorbild,
ihr Leben selbst zu gestalten.
Immer noch sind deine Reliquien
Anlaß frommer Verehrung und Wallfahrten.
„Walpurgisöl" rinnt unentwegt aus den Steinplatten
deines Grabes zu Eichstätt;
aber auch in Dunkelheiten der Walpurgisnächte
ward kund,
wie dein Wesen Licht erzeugte,
Angst, Wirrnis, Bann vertrieb.
Das ländliche Volk erkor dich zur Patronin,
durchaus dessen bewußt,
daß deine Nächstenliebe
nicht nur Germanen zwang,
sich Christus zuzuwenden:
Ungeteilt!

Alfred Müller-Felsenburg

Paolo Takashi Nagai (1908–1951)
Japanischer Christ, Wissenschaftler, der an den Folgen der Atomkrankheit starb.

Nagasaki, 9. August 1945: „Die Atombombe explodierte über uns. Ich wurde verwundet …"

Dr. P. T. Nagai

So will ich denn meinen Leib, den von Gott erschaffenen, in Ehren halten. Von der ‚Atomkrankheit' befallen, wird er freilich die gesunde Widerstandskraft immer mehr verlieren, doch tragen daran nicht eigene Unachtsamkeit und Fahrlässigkeit die Schuld … Bis zum letzten Augenblick aber will ich mich anstrengen und den Pflichten eines Arztes nach bestem Wissen und Gewissen genügen. Weil mein Körper ein wertvolles Forschungsmaterial abgeben kann, ein Heilverfahren gegen die Atomkrankheit zu entdecken, will ich auch nicht ins Blaue hinein Experimente an mir versuchen …

Dr. P. T. Nagai

Eine neue Zeit ist angebrochen, in der die immer noch verborgenen Schätze der Erde aufgespürt und ans Licht gezogen werden müssen … Ein Zeitalter mag nun anheben, in dem der Mensch wirklich ein menschenwürdiges Leben zu führen vermag.

Dr. P. T. Nagai

Maria Ward (1585–1645)
Englische Klarissin, Missionarin, Ordensgründerin, Verfolgte, auch von der eigenen Kirche Inhaftierte.

Ich habe stets das Licht geliebt.

Maria Ward

Begnüge dich mit nichts, was weniger ist als Gott.

Maria Ward

Man bedenke: Es war eine Frau, die meistens schwer krank, gewöhnlich zu Fuß, mit den dürftigsten Mitteln in der furchtbaren Zeit des Dreißigjährigen und vieler anderer Kriege solche Fahrten unternahm. In alledem kündigte sich ein neuer Frauentyp, etwas bisher Unbekanntes an …

Joseph Grisar über Maria Ward

Lang ist der Weg durch Lehren, kurz und wirksam durch Beispiele.

Seneca

Reinhold Schneider (1903–1958)
Deutscher Schriftsteller, Widerstandskämpfer.

Allein den Betern kann es noch gelingen,
Das Schwert ob unsern Häuptern aufzuhalten
Und diese Welt den richtenden Gewalten
Durch ein geheiligt Leben abzuringen.

Denn Täter werden nie den Himmel zwingen;
Was sie vereinen, wird sich wieder spalten,
Was sie erneuern, über Nacht veralten,
Und was sie stiften, Not und Unheil bringen.

Jetzt ist die Zeit, da sich das Heil verbirgt
Und Menschenhochmut auf dem Markte feiert,
Indes im Dom die Beter sich verhüllen,

Bis Gott aus unsern Opfern Segen wirkt
Und in den Tiefen, die kein Aug entschleiert,
Die trocknen Brunnen sich mit Leben füllen.

Reinhold Schneider

Christentum ist nicht Denken, sondern Schauen; es kann genau nur in dem Grade erkannt werden, in dem es gelebt wird.

Reinhold Schneider

Simone Weil (1909–1943)
Französische Sozialistin jüdischer Herkunft, Philosophiedozentin, tätig im Sozialdienst.

Christus selbst ist herniedergestiegen und hat mich ergriffen.

Simone Weil

Es ist wahr, daß wir unsern Nächsten lieben sollen. Aber in dem Beispiel, das Christus uns zur Erläuterung dieses Gebotes gibt, ist der Nächste ein nacktes, blutiges Wesen, das bewußtlos am Weg zusammengebrochen ist und von dem man nichts weiß. Es handelt sich um eine völlig anonyme und eben deshalb völlig universale Liebe.

Simone Weil

Simone Weil ließ sich nicht taufen. Sie verharrte im Vorraum der Kirche und des Christentums, weil sie die Armen, Entrechteten nicht verlassen wollte. Ein beispielloser Akt von Solidarität, der so weit führte, daß sie selbst verhungerte, um den Hungernden, bis in die letzte Phase der Existenz hinein, nahe zu bleiben!

Alfred Müller-Felsenburg

Carl Sonnenschein (1876–1929)
Deutscher Priester, Sozialethiker, „Großstadtapostel Berlins".

Bin ich denn der Hüter meines Bruders, den ich nicht kenne?
Mit dem ich keinen Kontakt habe?
Ja, du bist der Hüter.
Schaffe den Kontakt!

Carl Sonnenschein

Letzte Worte des sterbenden Carl Sonnenschein:
Aber in seinen Fieberphantasien entströmen dem Munde gebrochene Sätze. Der Todkranke hört noch immer das Klingeln des Telefons: „Hier Dr. Sonnenschein, ja ich komme – Hilfe? Sofort – am Apparat bleiben – nein, nicht auflegen – bald ist es besser – ja, hier Dr. Sonnenschein – ich höre – bereit, ja bereit –"

Alfred Müller-Felsenburg

Oktober

In gottes namen amen
Säe ich meinen samen
Ich bit dich herr sandt Galle
Das er mir nutzlich falle

Der Beschluß des Herrn hat ewig Bestand; seines Herzens Pläne gelten für alle Geschlechter.
Psalm 33, 11

Gott, der Herr, nahm den Menschen und setzte ihn in den Garten Eden, damit er ihn bebaue und erhalte.

Genesis 2, 15

„Das Paradies steht nicht am Anfang, sondern am Ende!" hörte ich sagen. Wie wahr und wie falsch; denn mit der Endzeit der Welt schließt sich der Bogen; und die Himmel stehen uns offen wie einst.

Alfred Müller-Felsenburg

Im Osten graut's, der Nebel fällt,
Wer weiß, wie bald sich's rühret!
Doch schwer im Schlaf noch ruht die Welt,
Von allem nichts verspüret.

Nur eine frühe Lerche steigt,
Es hat ihr was geträumet
Vom Lichte, wenn noch alles schweigt,
Das kaum die Höhen säumet.

Joseph Freiherr von Eichendorff

Morgen ist Vergangenheit!

Angela Esther Metzger

Herr, du hast mich erforscht und kennst mich ... Zu wunderbar ist für mich dein Wissen, zu hoch, ich kann es nicht fassen.

Psalm 138, 1, 6

Es ist nicht so wichtig, daß wir etwas Großes tun, sondern daß unser großer Gott etwas Wesentliches durch uns tut.

W. Wagner

Das ganze All ist ja aufgebaut aus lauter Atomen. Überall herum wimmelt es von ihnen. Seit Beginn der Schöpfung schon hat Gott in die Atome hinein so ungeheure Kräfte gelegt. Er hat auch dem Menschen den Verstand gegeben, diese Kräfte zu entdecken ... und praktisch zu verwerten ... Alle Geschöpfe sollen ja dem Menschen dienen, dazu hat Gott sie ins Dasein gerufen. Es wäre daher Trägheit vom Menschen, wollte er nicht verwenden, was eigens zu seinem Nutzen und Dienst vorgesehen ist. Daß der Mensch ein seiner Würde entsprechendes Leben führe, dazu muß er freilich seinen Verstand und seinen Willen auf Gott hin ausrichten und diese so gebrauchen, wie es Gottes Absichten entspricht ...

Paolo Takashi Nagai

Seit Erschaffung der Welt wird seine unsichtbare Wirklichkeit an den Werken der Schöpfung mit der Vernunft aufgenommen, seine ewige Macht und Gottheit.

Römer 1, 20

Es gehört Verstand dazu, um zu erkennen, daß es Dinge gibt, an die der Verstand nicht heranreicht.

Martin Kessel

Besser kennt Gott, wer ihn nicht zu kennen bekennt.

Augustinus

Die Unwissenheit schwankt zwischen äußerster Verwegenheit und äußerster Ängstlichkeit.

Paul Valéry

Geht wählerisch mit der Zeit um; denn die Tage sind böse.

Epheser 5, 16

Die Gegenwart ist die einzige Zeit, die in Wahrheit uns gehört und die wir dem Willen Gottes gemäß brauchen müssen.

Blaise Pascal

Sie reden unablässig davon, daß unsere Zeit im Vergleich zur Vergangenheit dauernd zum Schlechteren abgeglitten sei. Sie benehmen sich so, als hätten sie nichts aus der Geschichte gelernt, die eine Lehrmeisterin des Lebens ist, und sei in früheren Zeiten alles sauber und gerecht zugegangen. Wir aber sind völlig anderer Meinung als diese Unglückspropheten, die immer das Unheil voraussagen, als ob die Welt vor dem Untergang stünde. In der gegenwärtigen Entwicklung der menschlichen Ereignisse, durch welche die Menschheit in eine neue Ordnung einzutreten scheint, muß man viel eher einen verborgenen Plan der göttlichen Vorsehung anerkennen.

Papst Johannes XXIII.

Erst das Schweigen tut uns das Ohr auf für den inneren Ton in allen Dingen, in Tier und Baum und Berg und Sonne.

Romano Guardini

Möge der Herr bald das Morgenrot des wunderbaren Tages der allgemeinen Versöhnung aufgehen lassen, da sich die Stimmen aller Erlösten zu einem lauten Jubelchor der Liebe vereinen.

Papst Johannes XXIII.

„Die Menschen bei dir zu Hause", sagte der kleine Prinz, „züchten fünftausend Rosen in ein und demselben Garten … Und sie finden dort nicht, was sie suchen …"
„Sie finden es nicht", antwortete ich …
„Und dabei kann man das, was sie suchen in einer einzigen Rose oder in ein bißchen Wasser finden …"
„Ganz gewiß", antwortete ich.
Und der kleine Prinz fügte hinzu: „Aber die Augen sind blind. Man muß mit dem Herzen suchen."

Antoine de Saint-Exupéry

Beten,
das zärtliche Ringen
mit Gott!

Hermann Multhaupt

Dem Herrn gehört die Erde und was sie erfüllt, der Erdkreis und seine Bewohner.

Psalm 24, 1

Wenn Ihr ihn wißt,
zeiget uns den Weg, der nach dem Berge führt.

Dante Alighieri

Es gehört nicht viel Phantasie dazu, sich die Erde vorzustellen, von Staub bedeckt, den kalte Winde vor sich hertreiben. Ein Grabstein für diese Zeit könnte die Inschrift tragen: Jeder wollte das Beste – für sich!

Siegfried Lenz

Ernst Barlach sprach einmal von der „Ersparnis der Augen, der Erinnerung".
Sorgen wir dafür, daß unsere „Ersparnisse" nicht zu Grauen und Entsetzen ausarten, weil wir meinten, das All gehöre uns und nicht Gott!

Alfred Müller-Felsenburg

Du machst mir den Weg des Lebens kund; Fülle der Freuden bietet dein Antlitz; Wonne ist in deiner Rechten für immer.

Psalm 16, 11

Wer Steine zum Lachen bringt und den Graben seines Hochmuts überspringt, ist berufen, den Acker Gottes zu pflügen.

Freude ohne Ende, Glück ohne Schatten, Liebe ohne Grenzen!

Sel. Edith Stein

Wenn Gott in dir nur ist,
so wird in Höhn'n und Gründen
der Schöpfung überall
sein Wirken dir sich künden.

Friedrich Rückert

Viele Pläne faßt das Menschenherz: Fest steht allein der Rat des Herrn.

Sprüche 19, 21

Träume sind nicht Taten.
Ohne Arbeit wird dir nichts geraten.

Ernst Moritz Arndt

Kleine Taten, die man ausführt, sind besser als große, die man plant.

George Marschall

Taten sind Früchte, Worte sind Blätter.

Sprichwort aus Großbritannien

Prahl nicht heute: Morgen will
dieses oder das ich tun!
Schweige doch bis morgen still,
sage dann: Das tat ich nun!

Friedrich Rückert

Wir wollen erkennen, ja, wir wollen streben nach der Erkenntnis des Herrn! So sicher wie das Morgenlicht tritt er hervor; er kommt zu uns gewiß wie Winterregen, wie Spätregen, der die Erde tränkt.

Hosea 6, 3

Wer eine Grenze erkennen will, muß sich ihr nähern oder sie überschreiten.

Alfred Müller-Felsenburg

Hebt man den Blick, so sieht man keine Grenzen.

Sprichwort aus Japan

Klugheit ist: andere erkennen!
Sich selbst erkennen: ist Wahrheit!

Laotse

Ihr gedachtet, mir Böses zu tun; Gott aber hat es zum Guten gelenkt, um das zu tun, was heute geschieht, nämlich viel Volk am Leben zu erhalten.

Genesis 50, 20

Das Leben ist eine Quarantäne für das Paradies.

Sprichwort aus Arabien

Der Völker Herzen sind die Saiten,
durch die Gottes Hände gleiten.

Joseph von Eichendorff

Kein Volk hat Gott verlassen,
Das sich nicht selbst verließ.

Heinrich von Treitschke

In Fährden und in Nöten
zeigt erst das Volk sich recht;
drum soll man nicht zertreten
sein altes, gutes Recht.

Ludwig Uhland

Der Herr sah, wie groß die menschliche Bosheit auf Erden war, und daß jegliches Gebilde ihrer Herzensgedanken allzeit nur böse war.

Genesis 6, 5

Der Mensch der nächsten Jahrzehnte wird eine organisierte Neurose sein.

Egon Friedell

Die meisten Menschen verkaufen ihre Seele und leben mit gutem Gewissen von dem Erlös.

Logan P. Smith

Sein Gewissen war rein. Er benutzte es nie!

Stanislaw Jercy Lec

Bist du über andere gesetzt, so weise niemand im Zorne zurecht, sondern erst, wenn der Zorn vorüber ist; so wird die Zurechtweisung nützen!

Hl. Teresa von Avila

Alles hat seine Stunde; und es gibt eine Zeit für jegliche Sache unter der Sonne.

Prediger 3, 1

Die Zeit weilt, eilt, teilt und heilt.

Sprichwort

Der Wechsel allein ist das Beständige.

Arthur Schopenhauer

Jedermann kann lernen, wenn er aus dem Fenster guckt. Das heißt: Sobald ich mich von meinem Inneren dorthin begebe, wo Sein, Werden, Tod, Geburt geschehen, erfahre ich die wachsenden und wechselnden Aggregatformen des Lebens, tauche in das ein, was sich Veränderung nennt, merke, daß die Wiederkehr des Seienden auch absoluter Kontrast zum sich ständig Verwandelnden ist – und beides ist wiederum eins! Mysteriöses Paradoxon! – Kurzum: Außen und Innen sind konvertierbar. Oder anders gesagt: Materie und Energie erscheinen als jeweils andere Vorkommnisse des Seins und Werdens, Kommens und Vergehens. Das meint: Ablauf von Information macht aus Materie Energie; und das Verlöschen oder Entschwinden von Information wendet Energie zum Kloß von Materie. Wunder des Universums!

Alfred Müller-Felsenburg

Nicht eure Sache ist es, Zeiten und Stunden zu wissen, die der Vater festgesetzt hat in der ihm eigenen Macht.

Apostelgeschichte 1, 7

Laßt uns mit stiller Huldigung den Gang der Vorsehung und die ewigen Gesetze verehren, welche sie dem Weltall gab.

Friedrich der Große

Verehre die Wege der Vorsehung auch da, wo sie deinen blöden Augen ungerecht erscheinen.

Johann Gottfried von Herder

Wenn der Mensch keinen Rat mehr weiß, fangen die Wege der Vorsehung an.

Jean Paul

Zur Gnadenzeit erhöre ich dich; und am Tage des Heils helfe ich dir!

Nach 2 Korinther 6, 2

Rasier den Tag, du Fetzen Nacht,
mit deines Mondes Silberstrahl!
Die blasse Scheibe schwebt im Saal,
umringt von gold'ner Leuchter Pracht.

Die Kälte dringt als scharfer Schrei
in die Gefilde meiner Haut.
Dem Mund entringt sich Laut um Laut
und wird zur Frage, wer ich sei.

Wer bin ich, Herr? Was ist mein Ziel?
Die Welt gleicht einer dunklen Mauer
von dicht verfugten Steinen viel.

Ich spüre Schauer über Schauer
und such' den Weg hinaus: ins Weite –
wünsch' dringend, Gott, dich mir zur Seite!

Alfred Müller-Felsenburg

Und sind noch dunkel deine Pfade
Und drückt dich schwer die eigne Schuld,
O glaube, größer ist die Gnade,
Und unergründlich ist die Huld!

Emanuel Geibel

Deinen Willen zu tun, mein Gott, begehre ich; und dein Gesetz ruht mir mitten im Herzen.

Psalm 40, 9

Man sieht nur mit dem Herzen gut. Das Wesentliche ist für die Augen unsichtbar. –
Herr, leihe mir ein Stück deines Hirtenmantels,
damit ich meine Brüder mit der Last ihrer Sehnsucht darunter berge.

Antoine de Saint-Exupéry

Beten wir füreinander. Wenn wir gegenseitig Liebe tragen, erfüllen wir das Gesetz Christi.

Hl. Clara

Der Mensch bringt sein Haar in Ordnung. Warum nicht auch sein Herz?

Sprichwort aus China

Woher kommen die Kriege bei euch, woher die Streitigkeiten? Doch nur vom Kampf der Leidenschaften in eurem Innern.

Jakobus 4, 1

Das Furchtbarste an jedem Krieg ist der Umstand, daß die Menschen ihn wie ein Naturereignis – etwa wie einen Blitzschlag, ein Erdbeben, eine Springflut – hinzunehmen pflegen, während er in Wirklichkeit ein mit ihrer eigenen Duldung und Mithilfe von Menschenhand vorbereitetes Unternehmen ist, bei dem man den Initiatoren und Managern auch noch die sichersten Plätze reserviert.

Sigmund Graff

Die Friedensliebe fängt damit an, daß man aufhört, von gerechten Kriegen zu sprechen.

Sigmund Graff

Frieden kannst du nur haben, wenn du ihn gibst.

Marie von Ebner-Eschenbach

Denn wenn das Herz uns auch verurteilt – Gott ist größer als unser Herz; und er weiß alles. Liebe Brüder, wenn das Herz uns aber nicht verurteilt, haben wir gegenüber Gott Zuversicht.

1. Johannes 3, 20–21

Wenn mich alle lassen;
Meine Hoffnung bleibt.

Annette von Droste-Hülshoff

Es kommt darauf an, das Hoffen zu lernen.

Ernst Bloch

Und traf das Ärgste dich,
so bleib in Zuversicht:
Die Hoffnung schlug dir fehl,
doch Gott verließ dich nicht.

Friedrich Rückert

Die Augen Gottes sehen seine Taten; und er durchschaut ein jedes Werk des Menschen.

Jesus Sirach 15, 19

Herr, unsere Erde ist nur ein kleines Gestirn im großen Weltall. An uns liegt es, daraus einen Planeten zu machen, dessen Geschöpfe nicht von Kriegen gepeinigt werden, nicht von Hunger und Furcht gequält, nicht zerrissen in sinnlose Trennung nach Rasse, Hautfarbe oder Weltanschauung.
Gib uns den Mut und die Voraussicht, schon heute mit diesem Werk zu beginnen, damit unsere Kinder und Kindeskinder einst mit Stolz den Namen Mensch tragen.

Gebet der Vereinten Nationen

Morgenglanz der Ewigkeit,
Licht vom unerschöpften Lichte,
schick uns diese Morgenzeit
deine Strahlen zu Gesichte,
und vertreib durch deine Macht
unsre Nacht.

Christian Knorr von Rosenroth

Das noch Verborgene steht beim Herrn, unserm Gott; das Enthüllte aber gilt uns und unseren Kindern immerdar, damit wir alle Worte dieses Gesetzes erfüllen.

Deuteronomium 29, 28

Ich lebe mein Leben in wachsenden Ringen,
die sich über die Dinge ziehn.
Ich werde den letzten vielleicht nicht vollbringen,
aber versuchen will ich ihn.
Ich kreise um Gott, um den uralten Turm
und kreise jahrtausendelang;
und ich weiß noch nicht: bin ich ein Falke, ein Sturm
oder ein großer Gesang.

Rainer Maria Rilke

Die göttliche Vorsehung schützt nicht vor Leiden und Schwierigkeiten; aber sie hilft in diesen und sorgt, daß sich das Wort bewahrheitet: Denen, die Gott lieben, gereichen alle Dinge zum Besten.

Arnold Janssen

Der Herr leitete es ganz allein; kein fremder Gott stand ihm zur Seite.

Deuteronomium 32, 12

Lasse dich von der Hand Gottes leiten wie ein Kind. Das Vollkommenste ist eine heilige Indifferenz im vollkommenen Vertrauen auf Gott. Es ist Gott unmöglich, das Vertrauen zu enttäuschen.

Arnold Janssen

Sende dein Licht und deine Wahrheit,
daß sie mich leiten zu deiner Klarheit
und ich dir danke, daß du mir hilfst.

Liedtext aus „Religionsbuch unterwegs"

In der Lebenspraxis der Gläubigen wird deutlich werden müssen, daß Gott sich tatsächlich als der manifestiert, der machtvoll genug ist, die neue Zukunft zustandezubringen.

Eduard Schillebeeckx

Sag uns, wann wird das sein; und was ist das Zeichen für deine Ankunft und für das Ende der Welt?

Matthäus 24, 3

Reichtum ist das geringste Ding auf Erden und die allerkleinste Gabe, die Gott einem Menschen geben kann. Was ist's gegen Gottes Wort, ja was ist's auch nur gegen leibliche Gaben wie Schönheit, Gesundheit, und gegen Gaben des Gemüts, wie Verstand, Kunst, Weisheit. Dennoch trachtet man so emsig darnach und läßt sich keiner Arbeit noch Mühe und Gefahr verdrießen noch hindern. Darum gibt Gott gemeiniglich Reichtum den großen Eseln, denen er sonst nichts gönnet.

Luther

Herr, zeig uns die Welt, wie sie wirklich ist. Zeig uns die Aufgaben, die auf uns warten. Laß uns erkennen, wo du uns brauchst: im Einsatz für deine Ordnung, im Eintreten für das Recht, im Kampf gegen den Hunger, in den Rassenkonflikten, in brüderlicher Hilfe für Verfemte, Außenseiter und Kriminelle. Wie Jesus sich der Armen, der Ausgestoßenen und Verachteten annahm, so soll auch durch uns deine Liebe in der Welt sichtbar werden.

Aus „Gotteslob"

Wohl denen, die vor Gott arm sind;
denn ihnen gehört das Himmelreich.
Wohl denen, die trauern;
denn sie werden getröstet werden.
Wohl denen, die keine Gewalt anwenden;
denn sie werden das Land erben.
Wohl denen, die hungern und dürsten nach Gerechtigkeit;
denn sie werden satt werden.
Wohl denen, die barmherzig sind;
denn sie werden Erbarmen finden.
Wohl denen, die ein reines Herz haben;
denn sie werden Gott sehen.
Wohl denen, die Frieden stiften;
denn sie werden Söhne Gottes genannt werden.
Wohl denen, die um der Gerechtigkeit willen verfolgt werden;
denn ihnen gehört das Himmelreich.

Nach Matthäus 5,2–11

Diese Landschaft war so rein, so traumhaft klar, daß sie die Wimpern der Schäfchen angesilbert hatte, als sie hineingeglitten war in das Gold ihrer Augen. Darin schien alles so durchsichtig, daß man tief in ihrem Wasser … die gelbgestreiften Kalkgipfel zu erblicken vermeinte. In die Teppiche der Buchen- und Tannenwälder waren Blüten eingewirkt, von Reif, von Himmel und von Blut, und der linde Wind, wenn er darüber hinweggeweht hatte, zog linder danach, bedufteter, eisesklarer von dannen.

Francis Jammes, „Hasenroman“

Dann wird der König denen zu seiner Rechten sagen: Kommt, ihr Gesegneten meines Vaters! Nehmt in Besitz das Reich, das euch bereitet ist seit Grundlegung dieser Welt.

Matthäus 25, 34

Gott liebt diese Welt, und wir sind sein Eigen.
Wohin er uns stellt, sollen wir es zeigen:
Gott liebt diese Welt.
Gott liebt diese Welt. Er rief sie ins Leben.
Gott ist's, der erhält, was er selbst gegeben.
Gott gehört die Welt.
Gott liebt diese Welt. Er wird wiederkommen,
wann es ihm gefällt, nicht nur für die Frommen,
nein, für alle Welt.

Walter Schulz

Man kann zu allen Zeiten Gott dienen und sein Heil wirken. Ringen wir mit der Zeit, gestalten wir sie, und aus allen Zeiten werden heilige Zeiten.

Augustinus

Trachtet zuerst nach dem Reich Gottes und seiner Gerechtigkeit, so wird euch das alles zufallen.

Matthäus 6, 33

Es gibt nichts Schöneres auf der Welt als das Wirken der Gnade in einer Seele.

Edith Stein

Christus hat keine Hände, nur unsere Hände, um seine Arbeit zu tun. Er hat keine Füße, nur unsere Füße, um Menschen auf seinen Weg zu führen. Christus hat keine Lippen, nur unsere Lippen, um Menschen von ihm zu erzählen. Er hat keine Hilfe, nur unsere Hilfe, um Menschen an seine Seite zu bringen.

Aus dem 14. Jahrhundert

Ich sage euch: Wir müssen die Menschen froh machen!

Hl. Elisabeth von Thüringen

Wahrlich, ich sage euch: Wer das Reich Gottes nicht annimmt wie ein Kind, wird nicht hineinkommen.

Matthäus 10, 15

In einem Haus voll Kindern hat der Teufel keine Macht.

Sprichwort aus Kurdistan

Jedes Kind, das zur Welt kommt, predigt sogleich das Evangelium der Liebe.

Karl Ferdinand Gutzkow

Christ, so du kannst ein Kind von ganzem Herzen werden,
so ist das Himmelreich schon deine hier auf Erden.

Angelus Silesius

Kinder sind eine Brücke zum Himmel.

Sprichwort aus Persien

Denn seht, das Reich Gottes ist in eurer Mitte.

Lukas 17, 21

So sind wir praktisch aus Sternen gemacht oder, wie man auch sagen könnte, das ganze Weltall besteht aus unserem eigenen Fleisch. Als das Wort Fleisch wurde und unter uns wohnte, hätte es mit Adam von der ganzen Natur sagen können: „Das ist Fleisch von meinem Fleische und Knochen von meinen Knochen." Im Leib Christi ist wie in unserem Leib die gesamte Natur mit eingeschlossen.
In unserem Körper vereinigen sich alle lebendigen Tiere und alle Fossilien, alle Metalle und die gesamten Elemente des Universums. Wenn ein Mensch Gott liebt und sich mit ihm vereinigt, schließt sich ihm die ganze Schöpfung mit ihren drei Reichen – dem Mineralreich, dem Pflanzenreich und dem Tierreich – an und liebt Gott mit ihm.

Ernesto Cardenal

Heimsuchungen führen zur Selbstbesinnung, führen die Gedanken der Menschen zu Gott.

Archibald Joseph Cronin

Was bin ich?
Gott sieht mich.
Ich bin sein Augenblick.

Text auf dem Toten-Gedenk-Zettel von H. Schlier

Oder wißt ihr nicht, daß Ungerechte am Reich Gottes nicht Anteil bekommen werden?

1 Korinther 6, 9

Wer sich in dieser Welt reich weiß oder wissen will, wen sie sättigt, wem sie schmeckt, wer sie auskostet, wer sie sucht, im Auge hat, dem hat die kommende Welt nichts zu sagen, der kann ihren Reichtümern nichts abgewinnen, der findet keinen Geschmack an den himmlischen Dingen, der braucht ihren Trost nicht; und der bekommt Gott nicht den Blick.
Unerläßliche Voraussetzung für das Begreifen und Empfangen der Frohen Botschaft ist Heilsbedürftigkeit, ist Warten des ganzen Menschen auf eine andere Welt, als er sie hier erfährt. Das aber gibt es nur bei denen, welche den jetzigen Zustand leidend und mitleidend als heillos erleben.

Heinrich Spaemann

Wenn die Gerechtigkeit untergeht, so hat es keinen Wert mehr, daß Menschen leben auf Erden.

Immanuel Kant

Erfüllt ist die Zeit; und genaht hat sich das Reich Gottes, belehrt euch, und glaubt an das Evangelium.

Markus 1, 15

Gott zu verlassen, ist Tod;
ihn wieder aufzusuchen, Neugeburt;
in ihm zu wohnen, Leben. –
Wenn ein Blinder an der Sonne steht, dann ist er zwar für die Sonne da, aber die Sonne nicht für ihn. So ist der Gottlose blind in seinem Herzen. Was soll er tun? Er soll sich reinigen, damit er Gott sehen kann.

Augustinus

Alle Dinge bedecken
irgendein Geheimnis;
alle Dinge sind Schleier,
die Gott verdecken.
Die Christen müssen ihn in allem erkennen.

Blaise Pascal

Es gibt nur zwei Arten von Menschen, die man vernünftig nennen kann. Die einen dienen Gott mit ganzem Herzen, weil sie ihn kennen; die anderen suchen ihn von ganzem Herzen, weil sie ihn noch nicht kennen.

Blaise Pascal

Denn das Reich Gottes ist nicht Essen und Trinken, sondern Gerechtigkeit, Friede und Freude im Heiligen Geist.

Römer 14, 17

Die Leute schreien immer soviel jetzt, die Welt wäre so schlecht. Das kann ich gar nicht finden. Wenn man nur selbst immer recht gut zu den Menschen ist, da findet man auch welche, die es wieder sind.

Heinrich Seidel

O Mensch, wie jämmerlich ist dein Hochmut, wie erbärmlich deine Selbstsucht; wie klein, wie arm, wie hilflos bist du! Liebe den Nächsten wie dich selbst, reiche ihm die Bruderhand, teile seine Freude, trockne seine Tränen, gib ihm von deinem Brote, wenn er hungrig ist, gib ohne zurückzufordern, beglücke, tue das Gute um seiner selbst willen; und erfülle die Pflicht freiwillig; dann wird dein Leben ein Weg auf Blumen, ein Meer von Wonne und Glückseligkeit sein und wird durch das Bewußtsein deiner Winzigkeit nicht getrübt werden.

E. Reich

Da wir ein unerschütterliches Reich empfangen, laßt uns von Dank erfüllt sein.

Hebräer 12, 28

Du sollst dankbar sein für das Geringste, und du wirst würdig sein, Größeres zu empfangen.

Thomas von Kempen

Ein dankbarer Mensch – von jeder Tugend
trägt er im Busen den fruchtbaren Keim.

August von Kotzebue

Wenn du Gottes wolltest Dank für jede Wohltat sagen,
du fändest keine Zeit, noch über Weh zu klagen.

Angelus Silesius

Ihr aber seht mich, denn ich lebe; und auch ihr werdet leben.

Johannes 14, 19

Da der Tod das Ziel unseres Lebens ist, so habe ich mich mit diesem wahren Freunde des Menschen so bekannt gemacht, daß sein Bild nichts Schreckendes mehr für mich hat, sondern Beruhigendes und Tröstendes. Und ich danke meinem Gott, daß er mir das Glück gegönnt hat, ihn als Schlüssel zu unserer wahren Glückseligkeit kennenzulernen. Ich lege mich nie zu Bette, ohne zu bedenken, daß ich vielleicht den anderen Tag nicht mehr sein werde, und es wird doch kein Mensch sagen können, daß ich im Umgang mürrisch und traurig wäre. Für diese Glückseligkeit danke ich alle Tage meinem Schöpfer.

Wolfgang Amadeus Mozart

November

Ich wil scheyter hawen also vil
Seyd das der winter kommen wil
Mit seiner kelte also ser
Damit ich mich des frosts erwer

Was ist der Mensch, daß Du, o Gott, noch seiner gedenkest? Der Sterbliche, daß Du ihn beachtest?
Eitel ist sein ganzes Streben, wie ein Schatten enteilen seine Tage.
Am Morgen noch gleich einer Blume im schönsten Blumenschmucke – am Abend schon welkt er erblaßt dahin.
Du führest den Menschen bis zur Vernichtung und sprichst dann: „Kehret zurück, ihr Menschenkinder."
So die Menschen zur Einsicht kämen, sie würden denken an ihr Ende, würden stets vor Augen haben die Wahrheit.
Denn im Tode nimmt der Mensch keine Schätze mit, seine Herrlichkeit fährt ihm nicht nach.
Redlichkeit und Rechtlichkeit bewahre und Unschuld beachte; am Ende bringt sie Seligkeit zum Lohne.
Der Herr erlöset die Seelen seiner Diener, und nicht werden verdammt, die auf ihn vertrauen.

Gebet der Israeliten

Leben wir, so leben wir für den Herrn, sterben wir, so sterben wir für den Herrn. Wir mögen also leben oder sterben, wir gehören dem Herrn.

Römer 14, 7–9

Zum Glück sind die Menschen geschaffen, und wer vollkommen glücklich ist, der ist gewürdigt, sich selbst sagen zu dürfen: „Ich habe das Gebot Gottes auf dieser Erde erfüllt." Alle Gerechten, alle Heiligen, alle Märtyrer sind glücklich gewesen.

Fjodor M. Dostojewskij

Gott, wir bekennen uns zu dir,
auf deine Macht vertrauen wir.
Du bist es, der den Sieg verleiht,
du bist uns nah zu jeder Zeit.
An Jesus wird uns offenbar,
was du für alle Welt machst wahr:
Das Weizenkorn, das untergeht,
zu neuem Leben aufersteht.
Der Tod bleibt immer in der Welt,
doch ist sein Dunkel nun erhellt.
Du, Gott, hast uns den Sieg gebracht,
der Tod hat nie die letzte Macht.

Konrad Sandmeyer

Mein Gott, wie groß ist doch das Sein, wenn man einmal Anker geworfen hat in jenem unendlichen Hafen, dem alle unsere gebrechlichen Schifflein zustreben.

Peter Wust

Die Herrlichkeit der Erden
Muß Rauch und Aschen werden,
Kein Fels, kein Erz kann stehn.
Dies, was uns kann ergötzen,
Was wir für ewig schätzen,
Wird als ein leichter Traum vergehn.

Andreas Gryphius

Leuchtend, wächsern, andachtsschwer
blühten Kerzen um uns her.
Stilles Glänzen fing uns ein,
Nebel, Allerseelenschein.
Eine Kerze löschte aus.
Abgebrannt! Vorm Totenhaus.
Andre Lichter mußten folgen.
Letztes Herbstblatt lag da – golden
an des Bodens trübem Naß.
Kinder sprachen dies und das.
Hatten es wohl schon vergessen,
wo gekniet sie und gesessen.
Und doch glommen andachtsschwer
auch die Lichter um sie her.
Stilles Glänzen fing sie ein,
Nässe, Nebel, Kerzenschein.

Alfred Müller-Felsenburg, Auf dem Friedhof

Das Leben ist ein Schlaf.
Die Liebe ist der Traum darin;
und ihr habt gelebt,
wenn ihr geliebt.

Alfred de Musset

Was sind doch alle Sachen,
die uns ein Herze machen,
Als schlechte Nichtigkeit?
Was ist des Menschen Leben,
Der immer um muß schweben,
Als eine Phantasie der Zeit?

Andreas Gryphius

Gott, du meine Ruhe, mein Leben und meine Rettung. Was brauche ich außer dir, und welches Gut gibt es für mich ohne dich? Wann werde ich dich schauen, mein ewiges Licht und meine Erleuchtung?
Wann werde ich bei dir sein, mein Friede und meine Erquickung? Wann wird diese Welt für mich schweigen und ihre Veränderlichkeit vorüber sein, du meine Zuflucht, Freude und Sehnsucht?

Petrus Canisius

Ein Tag, der sagt dem andern,
mein Leben sei ein Wandern
zur großen Ewigkeit.
O Ewigkeit, so schöne,
mein Herz an dich gewöhne.
Mein Heim ist nicht in dieser Zeit.

Gerhard Tersteegen

Der Ruhm, nach dem wir trachten,
Den wir unsterblich achten,
Ist nur ein falscher Wahn.
Sobald der Geist gewichen
Und dieser Mund erblichen,
Fragt keiner, was man hier getan.

Andreas Gryphius

Nicht, daß ich es schon erlangt hätte oder schon vollkommen wäre. Aber ich strebe danach und möchte es ergreifen, weil ich auch von Christus Jesus ergriffen worden bin. Brüder, ich bilde mir nicht ein, daß ich es schon ergriffen hätte. Eines aber tue ich: Ich vergesse, was hinter mir liegt und strebe nach dem, was vor mir liegt. Das Ziel im Auge, jage ich dem Siegespreis nach, zu dem mich Gott dort oben in Christus Jesus berufen hat.

Philipper 3, 12–15

Geschenk ist alles: Jugend und Leben, Alter und Tod, die Liebe auch und Glück und Not, das Leiden selbst – was du erworben, was ganz dir angehört. Geschenk ist alles. Du selbst gehörst dir nicht.

Carl Peter Fröhling

Es hilft kein weises Wissen,
Wir werden hingerissen
Ohn einen Unterschied.
Was nützt der Schlösser Menge?
Dem hie die Welt zu enge,
Dem wird ein enges Grab zu weit.

Andreas Gryphius

Empfangen und genähret
Vom Weibe wunderbar
Kömmt er und sieht und höret
Und nimmt des Trugs nicht wahr,
Gelüstet und begehret
Und bringt sein Tränlein dar,
Verachtet und verehret,
Hat Freude und Gefahr,
Glaubt, zweifelt, wähnt und lehret,
Hält nichts und alles wahr,
Erbauet und zerstöret
Und quält sich immerdar,
Schläft, wachet, wächst und zehret,
Trägt braun und graues Haar.
Und alles dieses währet,
Wenn's hoch kommt, achtzig Jahr.
Dann legt er sich zu seinen Vätern nieder,
Und er kömmt nimmer wieder.

Matthias Claudius, Der Mensch

Sorglos eilen wir in den Abgrund, nachdem wir etwas vor uns aufgebaut, was uns hindert, ihn zu sehen.

Blaise Pascal

Dies alles wird zerrinnen,
Was Müh und Fleiß gewinnen
Und saurer Schweiß erwirbt.
Was Menschen hier besitzen,
Kann für den Tod nichts nützen,
Dies alles stirbt uns, wenn man stirbt.

Andreas Gryphius

Weißt du, was in dieser Welt
Mir am meisten wohlgefällt?
Daß die Zeit sich selbst verzehret
Und die Welt nicht ewig währet.

Friedrich von Logau, Das Beste der Welt

Wir haben nichts in die Welt hineingebracht und können auch nichts mit hinausnehmen.

1. Timotheus 6, 7–8

Das letzte Hemd hat keine Taschen.

Sprichwort

Ist eine Lust, ein Scherzen,
Das nicht ein heimlich Schmerzen
Mit Herzensangst vergällt?
Was ist's, womit wir prangen?
Wo wirst du Ehr erlangen,
Die nicht in Hohn und Schmach verfällt?

Andreas Gryphius

Glaubst du an das Reich Gottes, so mußt du unruhig werden!

Hl. Bernhard

Die Zeit meiner Auflösung steht bevor. Ich habe den guten Kampf gekämpft, den Lauf vollendet, den Glauben bewahrt. Nun liegt für mich die Krone der Gerechtigkeit bereit. Der Herr, der gerechte Richter, wird sie mir an jenem Tage geben und nicht bloß mir, sondern allen, die sich auf seine Wiederkunft freuen.

2 Timotheus 4, 6–8

Sende dein Licht und deine Wahrheit, daß sie mich leiten auf deinen Wegen und ich dir danke, daß du mich liebst.

Liedtext eines unbekannten Verfassers

Was pocht man auf die Throne,
Da keine Macht noch Krone
Kann unvergänglich sein?
Es mag vom Totenreihen
Kein Szepter dich befreien,
Kein Purpur, Gold noch edler Stein.

Andreas Gryphius

Mein Lebenslauf gelangt durch Sturm und Wogen
Auf schwankem Boot nun zu dem großen Port,
Dahin wir alle stürmen fort und fort,
Für alles Tun zur Rechenschaft gezogen.
Die mich die Kunst zur Gottheit ließ erheben,
Zum einzgen Herrn die Freude am Gestalten,
Jetzt seh' ich, wieviel Irrtum sie enthalten,
Und wie wir gegen unser Bestes streben.
Die eitle frohe Schaffenswonne endet,
Da sich ein zweifach Sterben mir bereitet:
Ein Tod ist da, den andern seh ich nahn.
Mir kann nicht Stift noch Meißel Ruhe geben,
Nur Gottes Liebe noch, die mitleidsvoll
Am Kreuz die Arme nach uns ausgebreitet.

Michelangelo

Eines Tages werden wir erkennen, daß wir die Gerechtigkeit Gottes zufriedengestellt hätten, wenn wir nur die unvermeidliche Last des Alltags geduldig ertragen hätten.

Jean-Marie Vianney, Pfarrer von Ars

Wie eine Rose blühet,
Wenn man die Sonne siehet
Begrüßen diese Welt,
Die, eh der Tag sich neiget,
Eh sich der Abend zeiget,
Verwelkt und unversehns abfällt.

Andreas Gryphius

Ach, es ist so dunkel in des Todes Kammer,
Tönt so traurig, wenn er sich bewegt
Und nun aufhebt seinen schweren Hammer
Und die Stunde schlägt.

Matthias Claudius, Der Tod

Alles, was auf Erden lebt,
ist nicht von Bestand.
Alles, was zu Ende geht,
fällt in Gottes Hand.
Alles, was zu Gott eingeht,
hat fortan Bestand.
Allen, die von ihm belebt,
gibt er neues Land.

Alfred Müller-Felsenburg

Denn Gottes Wort ist lebendig, wirksam und schärfer als jedes zweischneidige Schwert. Es dringt durch, bis es Seele, Mark und Bein voneinander scheidet. Es ist ein Richter über die Gedanken und Gesinnungen des Herzens. Kein Geschöpf bleibt vor ihm verborgen.

Hebräer 4, 12

So wachsen wir auf Erden
Und hoffen groß zu werden
Und schmerz- und sorgenfrei.
Doch eh wir zugenommen
Und recht zur Blüte kommen,
Bricht uns des Todes Sturm entzwei.

Andreas Gryphius

Die letzte Not wird nicht mehr überwunden.
Sie selber wird schon Überwindung sein.
Und in die berstenden Rotunden
stürzt brausend schon das neue Licht herein.
Wir aber binden die verhängten Mächte,
vom Unausdeutbaren ereilt,
wenn wir im Niedrigsten der Henkersknechte
den Engel finden, der uns heilt.

Werner Bergengruen

Das Volk, das in Finsternis wandelt, wird schauen ein großes Licht. Die da wohnen im Lande des Todesschattens, ihnen strahlt auf das Licht.

Isaias 9, 1

Denn nicht bleibt Finsternis dem Lande, das nun Drangsal hat.

Isaias 8, 23

Wir rechnen Jahr auf Jahre,
Indessen wird die Bahre
Uns für die Tür gebracht;
Drauf müssen wir von hinnen
Und, eh wir uns besinnen,
Der Erden sagen gute Nacht.

Andreas Gryphius

Was dem Herzen sich verwehrte,
laß es schwinden unbewegt.
Allenthalben das Entbehrte
wird dir mystisch zugelegt.
Liebt doch Gott die leeren Hände,
und der Mangel wird Gewinn.
Immerdar enthüllt das Ende
sich als strahlender Gewinn.
Jeder Schmerz entläßt dich reicher,
Preise die geweihte Not.
Und aus nie geleertem Speicher
nährt dich das geheime Brot.

Werner Bergengruen

Und bestellen doch Deinen Acker
hinter dem Rücken des Todes?

Nelly Sachs, aus „Aber vielleicht"

Weil uns die Lust ergetzet
Und Stärke freie schätzet
Und Jugend sicher macht,
Hat uns der Tod bestricket,
Die Wollust fortgeschicket
Und Jugend Stärk und Mut verlacht.

Andreas Gryphius

Wie einer das Alter, wie einer sein Alter bewertet – es wird sich daran entscheiden, ob er glauben kann, daß der Tod „nicht bloß Abschied, sondern auch Ankunft ist".

Max Rösler nach Sigismund von Radecki

Lang leben will halt alles,
aber alt werden will kein Mensch.

Johannes Nestroy

Je älter ich werde, desto mehr vertraue ich dem Gesetz, wonach Rose und Lilie blüht.

Johann Wolfgang von Goethe

Wie viel sind schon vergangen!
Wie viel liebreicher Wangen
Sind diesen Tag erblaßt?
Die lange Reitung machten
Und nicht einmal bedachten,
Daß ihn' ihr Recht so kurz verfaßt.

Andreas Gryphius

Gerecht bist du, Herr,
und recht ist dein Gericht.
Und weiter: Die Gerichte des Herrn sind wahr,
gerechtfertigt in sich selbst.
Meine Gerichte muß man fürchten,
nicht ergrübeln:
denn dem menschlichen Verstande sind sie unbegreiflich …
Ich bin es, der alle Heiligen erschuf;
Ich schenkte ihnen Gnade,
Ich verlieh ihnen Herrlichkeit.
Ich kenne die Verdienste der einzelnen.
Ich bin ihnen zuvorgekommen mit den Segnungen
meiner Süßigkeit.
Ich kannte meine Geliebten von Ewigkeit her.
Ich erwählte sie aus der Welt, nicht sie mich.
Ich berief sie durch die Gnade.
Ich zog sie an mich durch Barmherzigkeit.

Thomas von Kempen, „Nachfolge Christi"

Fürchte dich nicht; ich bin mit dir.
Weiche nicht; denn ich bin dein Gott.

Isaias 41, 10

Auf, Herz! Wach und bedenke,
Daß dieser Zeit Geschenke
Den Augenblick nur dein.
Was du zuvor genossen,
Ist als ein Strom verschossen,
Was künftig: Wessen wird es sein?

Andreas Gryphius

In der Seele gibt es eine Kraft, die rührt nicht Zeit noch Fleisch; sie entspringt dem Geiste, ganz und gar geistig ist sie. In diesem Vermögen grünt und blüht aller Enden Gott. Nirgends ist Gott so eigentlich Gott wie in der Seele! In allen Kreaturen ist etwas von Gott, aber erst in der Seele ist Gottes Ruhestatt. Daß Gott mittels der Gnade in die Seele eingeht, das trägt mehr des Lichtes in sich, als alle Vernünftigkeit zu leisten vermöchte. Ich bin gefragt worden, woher es käme, daß manchen Leuten so wohl mit Gott wäre, daß sie Ihm mit solchem Eifen dienten? Da hab' ich erwidert, es käme davon, weil sie Gott geschmeckt hätten.

Meister Eckhart

Verlache Welt und Ehre,
Furcht, Hoffen, Gunst und Lehre,
Und fleucht den Herren an.
Der immer König bleibet,
Den keine Zeit vertreibet,
Der einig ewig machen kann.

Andreas Gryphius

Herr Jesus Christus, du hast den Samen deines Wortes ausgesät in meinem Geist, in jedem guten Gedanken, in meinem Willen zu jedem guten Werk. Laß mich ausziehen aus meinem alten Leben, damit der Samen deines Wortes nicht von den Vögeln eitler Gedanken aufgefressen werde, damit er nicht zertreten werde auf dem flüchtigen Wege, damit er nicht vertrockne auf dem harten Felsgestein und nicht ersticke in den Dornen der Kümmernisse. Gib mir ein mildes Herz voll Demut und Fröhlichkeit, daß ich gutes und bestes Erdreich werde und Frucht bringe in Geduld.

Albert der Große

Zu hundert Toden müssen wir noch wandern
und wissen nicht den einen zu bestehn,
und einer reicht den Tränenkrug dem andern,
und jeder heißt uns dennoch weitergehn.

Magdalene Koch

Wohl dem, der auf ihn trauet!
Er hat recht fest gebauet,
Und ob er hier gleich fällt,
Wird er doch dort bestehen
Und nimmermehr vergehen,
Weil ihn die Stärke selbst erhält.

Andreas Gryphius

Wer nie sein Brot mit Tränen aß,
Wer nie die kummervollen Nächte
Auf seinem Bette weinend saß,
Der kennt euch nicht, ihr himmlischen Mächte.

Ihr führt ins Leben uns hinein,
Ihr laßt den Armen schuldig werden,
Dann überlaßt ihr ihn der Pein:
Denn alle Schuld rächt sich auf Erden.

Johann Wolfgang Goethe

Aber die Erde
hat kein Geländer,
das hält?

Magdalene Koch

Er wird jede Träne von ihren Augen wegwischen. Es wird kein Tod, keine Trauer, keine Klage und kein Schmerz mehr sein. Denn was einst war, ist vergangen. Der auf dem Throne saß, sprach: „Siehe, ich mache alles neu."

Offenbarung 21, 4–5

Wer ein standhaftes Herz hat, kann tausend glorreiche, tapfere Märtyrer finden, deren Beispiel er freudig folgen kann. Aber du ängstliches, schwaches und dummes Schaf, glaube, daß es für dich genug ist, mir, dem Heiland, nachzufolgen, der ich dein Schäfer und Führer bin. Mißtraue dir selbst, und setze all dein Vertrauen auf mich …

Thomas Morus

Derselbe Thomas Morus aber bestieg, von langer Haft geschwächt, das Schafott und bat die Diener, ihm beizustehn.
„Ich werde schon ohne Hilfe wieder herunterkommen!" meinte er dabei lächelnd.

Als der armenisch-amerikanische Dichter William Saroyan erfuhr, daß er unheilbar an Krebs erkrankt war, drahtete er seinem Verleger: „Ich glaubte, ich sei unsterblich! Was nun?"

Kinder, die letzte Stunde ist da. Wie ihr gehört habt, kommt der Antichrist. Schon jetzt sind viele Antichristen aufgetreten. Daraus ersehen wir, daß die letzte Stunde da ist.

1 Johannes 2, 18–19

Ich liebe meines Wesens Dunkelstunden,
in welchen meine Sinne sich vertiefen;
in ihnen hab ich, wie in alten Briefen,
mein täglich Leben schon gelebt gefunden
und wie Legende weit und überwunden.

Aus ihnen kommt mir Wissen, daß ich Raum
in einem zweiten zeitlos breiten Leben habe.

Und manchmal bin ich wie der Baum,
der reif und rauschend über einem Grabe
den Traum erfüllt, den der vergangne Knabe
(um den sich seine warmen Wurzeln drängen)
verlor in Traurigkeiten und Gesängen.

Rainer Maria Rilke

Menschen sind füreinander da. Menschen müssen einander beistehen. Wer das begreift und tut, wird selbst einmal erfahren, was Jesu Worte bedeuten: „Ich war traurig, und ihr habt mich getröstet …"

Alois Frank

„Ich glaube an die Auferstehung der Toten und das ewige Leben!" Diese Aussage bekennt: Am Ende unseres irdischen Daseins gibt es nicht das absolute Ende. Ein neuer Anfang beginnt. Was über zwanzig, fünfzig, achtzig oder noch mehr Jahre gekeimt hat, gewachsen ist, vielleicht auch ein wenig schief gewachsen ist oder gar nicht recht zum Blühen und Reifen kommen konnte, kommt jetzt ans Ziel, findet nun seine Vollendung. Das ist … die christliche Überzeugung, die über jedem gläubigen Leben steht.

Anton Dosenberger

Gleich einem Hirsch, der nach Wasser lechzt, sehnt sich meine Seele nach dir, o Gott … Wann darf ich kommen, dein Antlitz zu schauen?

Psalm 42, 2–3

Welches Aussehen
werdet ihr als Auferstandene haben?
In welchem Lebensalter werdet ihr auferstehen?
Als Kind? Wie lächerlich! –
Als greiser Mensch? – Wie traurig! –
Die Antwort ist sehr einfach.
Ihr werdet mit dem Antlitz eures Herzens
auferstehen,
mit der Reife eurer Liebe.

Louis Eveley

O Anblick der Glanznacht, Sternheere,
Wie erhebt ihr! Wie entzückst du, Anschauung
Der herrlichen Welt! Gott Schöpfer!
Wie erhaben bist du, Gott Schöpfer!
Wie freut sich des Emporschauns zum Sternheer, wer
empfindet,
Wie gering er, und wer Gott, welch ein Staub er, und wer
Gott,
Sein Gott ist! O sei dann, Gefühl
Der Entzückung, wenn ich auch sterbe, mit mir!
Was erschreckst du denn so, Tod, des Beladnen Schlaf?
O bewölke den Genuß himmlischer Freude nicht mehr!
Ich sink in den Staub, Gottes Saat! Was schreckst
Den Unsterblichen du, täuschender Tod?
Mit hinab, o mein Leib, denn zur Verwesung!
In ihr Tal sanken hinab die Gefallnen
Von Beginn her! Mit hinab, o mein Staub,
Zur Heerschar, die entschlief!

Friedrich Gottlieb Klopstock, Der Tod

Du bist ein Schatten am Tage
Und in der Nacht ein Licht;
Du lebst in meiner Klage
Und stirbst im Herzen nicht.
Wo ich mein Zelt aufschlage,
Da wohnst du bei mir dicht;
Du bist mein Schatten am Tage
Und in der Nacht mein Licht.
Wo ich auch nach dir frage,
Find ich von dir Bericht,
Du lebst in meiner Klage
Und stirbst im Herzen nicht.
Du bist ein Schatten am Tage
Und in der Nacht ein Licht;
Du lebst in meiner Klage
Und stirbst im Herzen nicht.

Friedrich Rückert

Wir danken Gott, daß er
unser war,
ja mehr noch, daß er unser ist.
Denn wer im Herzen seiner Lieben lebt,
ist nicht tot, er ist nur ferner –
und wer immer heimkehrt zum Herrn,
der bleibt in der Familie.

Hieronymus

Über allen Gipfeln
Ist Ruh,
In allen Wipfeln
Spürest du
Kaum einen Hauch;
Die Vögelein schweigen im Walde.
Warte nur, balde
Ruhest du auch.

Johann Wolfgang von Goethe

„Unaufhaltsam enteilet die Zeit." – Sie sucht das Beständige. Sei getreu, und du legst ewige Fesseln ihr an.

Friedrich von Schiller

Der Tod ist eine Selbstbesiegelung – die, wie alle Selbstüberwindung, eine neue, leichtere Existenz verschafft.

Novalis

Leben ist der Anfang des Todes. Das Leben ist um des Todes willen. Der Tod ist Endigung und Anfang zugleich, Scheidung und nähere Selbstverbindung zugleich. Durch den Tod wird die Reduktion vollendet.

Novalis

Lieblos und ohne Gott! Der Weg ist schaurig,
Der Zugwind in den Gassen kalt; und du? –
Die ganze Welt ist zum Verzweifeln traurig.

Nikolaus Lenau

Wüßtest du,
was in den Öfen brennt
du würdest
keinen Kamin mehr fegen

Peter Coryllis

Wieder hat einer in der Marter
den weißen Eingang gefunden
Schweigen – Schweigen – Schweigen –
Die innere Sprache erlöst
welch ein Sieg –
Wir pflanzen hier Demut –

Nelly Sachs, Grabschrift

Euch winkte Freund Hein als Sensenmann.
Das war noch Handarbeit.
Uns droht er Massenvernichtung an.
Sogar der Tod spart Zeit.

Birgit Berg, aus dem Gedicht „Ahnen"

In der Tat also,...,trachten die wahren Philosophen danach, zu sterben, und der Tod ist ihnen von allen Menschen am wenigsten furchtbar ... Wenn sie nämlich in jeder Hinsicht mit dem Leibe entzweit sind und die Seele ganz allein für sich haben wollen, wäre es da nicht die größte Torheit, wenn sie sich bei der Erfüllung dieses Wunsches fürchten und unwillig sein wollten, anstatt mit Freuden dahin zu gehen, wonach sie ihr Leben lang getrachtet haben – die Vernunfterkenntnis – und vom Zusammensein mit dem befreit zu werden, was ihnen zuwider war? Wer die Vernunfterkenntnis wirklich liebt und eben dieser zuversichtlichen Hoffnung lebt, er werde nirgend anderswo ihrer teilhaftig werden als in der Unterwelt, den sollte es verdrießen zu sterben, und er sollte nicht freudig dorthin aufbrechen? Nein, das kann man nicht glauben, mein Bester, wenn er ein echter Philosoph ist.

Sokrates

Ein Stück von Unsterblichkeit steckt in jedem Wesen, weil jedes aus dem Keimplasma stammt, das durch Teilung immer weitergegeben wird. Amöben sind unsterblich ...

F. Schneider

Leben kann nur in der Rückschau beurteilt werden, es muß aber in der Vorschau gelebt werden.

Kierkegaard

Verhüllte Zukunft will besagen, du sollst jetzt nicht tragen müssen, was dir zu andrer Stunde auferlegt wird, wozu du aber auch erst zu andrer Stunde die Schultern haben wirst.

Albrecht Goes

Der Weg ist das Ziel!

Chinesische Weisheit

Wenn ihr ihn wißt,
zeiget uns den Weg, der nach dem Berge führt!

Dante

Dankbar rückwärts!
Gläubig aufwärts!
Mutig vorwärts!

Paul Kockelmann

Lebt in Gottes Schutz, ihr Lieben,
Weint nicht, nun ich selig werde,
Und den Leib, der hier geblieben,
Senket in die dunkle Erde.

Nach einem alten litauischen Begräbnislied von Hermann Sudermann

Seine Freude zu erobern
ist mehr wert,
als sich seinem Schmerz
zu überlassen.

André Gide

Nach den Tränen stellt im Leben
sich auch oft das Lachen ein;
Tränen haben auch die Reben,
aber trotz der Tränen geben
sie den lust'gen, gold'nen Wein.

Justinus Kerner

Denn die leichte Augenblickslast unserer Trübsal bringt uns eine überschwengliche, ewige, alles überwiegende Herrlichkeit.

2 Korinther 4, 17

Habt acht, daß ihr eure Herzen nicht mit Schwelgerei und Trunkenheit und mit irdischen Sorgen beschwert und daß jener Tag nicht unversehens über euch kommt … So seid denn allezeit wachsam und betet, damit ihr imstande seid, all dem zu entgegen, was da kommen soll, und zu bestehen vor dem Menschensohn.

Lukas 21, 34–36

Auferstehung oder besser Auferweckung ist nicht Wiederbelebung eines Toten, ist nicht Wiederherstellung des alten Leibes. Gott macht ganz neu, was der Tod vernichtet hat. Die Verwandlung geschieht in eine andere „Leiblichkeit" und ist kein natürlicher Besitz des Menschen, sondern Gottes Gnadengabe. Im Grunde beginnt dieses eigentliche, dieses geistliche Leben nicht erst nach dem Tode; es nimmt schon jetzt seinen Anfang. Irdisches und ewiges Leben überdecken sich gleichsam. Es sind nicht zwei aufeinanderfolgende Zeiträume, sondern zwei Seinsformen, die übereinander liegen …

Aus dem Religionsbuch „Herausforderungen"

Fürchte dich nicht, denn ich bin mit dir.
Schau nicht angstvoll umher, dein Elohim bin ich.
Ich stärke dich, und ich helfe dir,
und es stützt dich meine sieghafte Rechte.

Isaias 41, 10

Am besten ist es, mit Gott zu arbeiten:
Er hat zwei warme Hände.

Finnisches Sprichwort

Im Haus meines Vaters sind viele Wohnungen. –
Ich gehe hin, um euch einen Platz zu bereiten. –
Ich komme wieder und werde euch zu mir holen,
damit auch ihr dort seid, wo ich bin.

Johannes 14, 23

Befreie, o Herr, die Seelen aller verstorbenen Gläubigen von jeder Fessel der Schuld. Deine Gnade komme ihnen zu Hilfe, auf daß sie entrinnen dem Rachegerichte. Laß sie genießen des ewigen Lichtes Glückseligkeit.

Traktus der Allerseelenmesse

Der Mensch ist bald vergessen,
der Mensch vergißt so bald,
der Mensch hat nichts besessen,
er sterb' jung oder alt.
Der Mensch ist bald vergessen,
nur Gott vergißt uns nicht,
hat unser Herz ermessen,
wenn es in Schmerzen bricht.
Wir steigen im Gebete
zu ihm wie aus dem Tod,
sein Hauch, der uns durchwehte,
tat unserm Herzen not.

Achim von Arnim

Du bist's, der, was wir bauen,
mild über uns zerbricht,
daß wir den Himmel schauen –
darum so klag ich nicht.

Joseph von Eichendorff

Wer mein Wort hört und dem glaubt, der mich gesandt hat, der hat das ewige Leben und kommt nicht ins Gericht, sondern ist schon vom Tode zum Leben übergegangen.

Johannes 5, 24

Denn wie der Vater Tote auferweckt und lebendig macht, so macht auch der Sohn lebendig …

Johannes 5, 21–22

Wenn in den Alleen
die Blätter grämlich fallen,
Sonne wirft nur matten Schein,
und in dunklen Seen
erstarrt des Silbers Wallen –
fühle ich mich sehr allein.

Einsam sind die Tage.
Kies knirscht unter meinen Schuhn.
Mühsam tröpfelt alle Zeit –
Atmen wird zur Plage;
und ich möchte lange ruhn –
irgendwo, im Stillen, weit!

Alfred Müller-Felsenburg

Dezember

Mit wursten und mit praten
Wil ich mein hauß beraten
Also hat das jar ein ende
got uns in sein ewigs reich sende

Macht's wie Gott,
werdet Mensch!
Bischof Kamphaus

Bahnt für den Herrn einen Weg!
Seht, da kommt euer Gott!

nach Isaias 40, 3.9

Jetzt ist die Zeit! Jetzt ist die Stunde!
Heute wird getan oder auch vertan,
worauf es ankommt, wenn ER kommt!

Jugend-Song

Mag auch das Jesusbild,
der Widerschein der Sinnen,
Im regen Strom der Zeit
verzittern und verrinnen;
Wenn alle Zeugnisse
von Jesus auch zerschellten,
Der Gottmensch ist der Kern,
das Herzlicht aller Welten.

Nikolaus Lenau

Wenn du an Gott gedenkest,
so hörst du ihn in dir;
schwiegst du und wärest still,
er red'te für und für.

Angelus Silesius

Denn ein Gott des Rechtes ist der Herr.
Heil allen, die auf ihn harren!

Isaias 30, 18

Gottes zweite Heimat – der Mensch!

E. Jüngel

Die Herren dieser Welt kommen und gehen.
Unser Herr aber kommt.

Volksspruch

O klare Sonn, du schöner Stern,
dich wollten wir anschauen gern;
o Sonn, geh' auf; ohn' deinen Schein
in Finsternis wir alle sein.

Friedrich von Spee

Eine Stimme ruft in der Wüste: Bereitet den Weg des Herrn; macht ihm zurecht seine Straßen.

Lukas 3, 4

Noch immer erwarten
die Priester den Priester
den großen Gelehrten
die Krieger den Krieger
den mächtigen Herrscher
die Fans ihren Star
die Reichen Profit
aber Gott wird Mensch

Siegfried Macht

Der Mensch? Wo ist er her?
Zu schlecht für einen Gott,
zu gut fürs Ungefähr.

Gotthold Ephraim Lessing

Wir sollen ein Zeugnis Gottes sein.

Guy de Larigaudie

Herr, was ist der Mensch, daß du dich um ihn kümmerst, der Menschensohn, daß du ihn beachtest?

Psalm 144, 3

Denn Ehr und Reichtum treibt und bläht,
Hat mancherlei Gefahren,
Und vielen hat's das Herz verdreht,
Die weiland wacker waren.

Matthias Claudius

Der Mensch, das Individuum, ist Gottes Einfalt, ist einfältig gewordene Gottheit.

Christian Morgenstern

Ich glaube an ein jenseitiges Ich, von dem unser diesseitiges nur ein schwaches Bild ist.

Paul Ernst

Ja, selig jeder Mensch, der hört auf mich, um Tag für Tag vor meiner Tür zu wachen und um zu hüten meiner Türe Pfosten.

Sprüche 8, 34

Es ist Advent. Unser Jahrhundert nötigt uns, die Wahrheit des Advents neu zu erlernen: die Wahrheit nämlich, daß immer schon Advent war, aber auch immer noch Advent ist. Daß die ganze Menschheit eine einzige ist vor Gottes Angesicht. Daß die ganze Menschheit im Dunkel steht, daß aber auch die ganze Menschheit ausgeleuchtet ist von Gottes Licht.

Joseph Ratzinger

Komm, Herr Jesu, komme bald,
such uns heim in Frieden.
Mach die ganze Schöpfung neu,
Komm, o komm, Herr Jesu.

Johannes Schick

Das menschliche Herz Christi ist das Herz Gottes.

Holländischer Katechismus

Freut euch allezeit im Herrn; nochmals sage ich, freut euch. Euer Edelsinn werde kund allen Menschen. Der Herr ist nahe!

Philipper 4, 4–5

Es treibt mich hinaus
auf einsamen Wegen,
die Unruh des Herzens
unterm Himmel zu stillen.
Im nachtdunklen Wald
such ich nach Stimmen,
die Antwort mir geben
auf all meine Fragen.
Und Bäume und Wind
rauschen mir zu:
Du stehst im Advent
von Ewigkeit her.

Rudi Winkler

Und Wach ward Traum und nah ward weit,
und Anfang einte sich dem Ende.
Und leise strich die Ewigkeit
heiligend über unsere Hände.

Hermann Claudius

Ja, ich suche, Herr, dein Angesicht.
Verbirg dein Antlitz nicht vor mir!

Psalm 27, 8–9

Ich seh' viel tausendfache Spur.
Die Erde, will mir deuchten,
wär' ein umirrter Hügel nur.
Und du darauf das Leuchten.

Hermann Claudius

Der Mensch muß gegen Gott das Herz eines Kindes, gegen den Nächsten das Herz einer Mutter, gegen sich selbst aber das Herz eines Richters haben.

Paschalis Baylon

Behandelt die Menschen so als ob sie schon gut wären, wie ihr sie haben wollt. Es ist der einzige Weg, sie dazu zu machen.

Johann Wolfgang von Goethe

Ich legte meine Worte in deinen Mund und barg dich im Schatten meiner Hand, um auszuspannen den Himmel und zu gründen die Erde und Sion zu sagen: „Mein Volk bist du!"

Isaias 51, 16

Als der Herr die Welt erlösen wollte, begann er sein Werk bei Maria, damit eben sie, durch deren Vermittlung allein das Heil bereitet wurde, als erste die Frucht des Heils aus der Hand ihres Kindes genösse.

Ambrosius

Die Flöte der Unendlichkeit
spielt fort und fort,
und ihr Ton heißt Liebe:
Wenn die Liebe alle Grenzen überspringt,
erreicht sie die Wahrheit.
Wie weit sich der Duft verbreitet!
Er verströmt ununterbrochen,
nichts hindert ihn.
Die Gestalt dieser Melodie ist
hell wie eine Million Sonnen:
unvergleichlich tönt die Viũa,
die Viũa der Musik der Wahrheit.

Kabir (übersetzt von Martin Kämpchen)

Brechet gemeinsam in Jubel aus, ihr Trümmer Jerusalems; denn der Herr tröstet sein Volk … alle Enden der Erde schauen das Heil unseres Gottes.

Isaias 52, 9, 10 b

Erzverschneite Glockentöne,
die nun über Gottes schöne,
Gottes weite Weihnachtserde
ernst und doch auch tröstend schwingen,
lassen wir als »Stirb und Werde«
tief in unsre Seele dringen,
bis die frohe Zuversicht
gläubig aus den Tiefen bricht.

Manfred H. Ruhrmann

Kündet allen in der Not:
Fasset Mut und habt Vertrauen,
Bald wird kommen unser Gott;
herrlich werdet ihr ihn schauen.
Allen Menschen wird zuteil
Gottes Heil.

Friedrich Dörr

Wer meinen Pfad einhält, dem zeige ich Gottes Heil.
Psalm 50, 23

Im Advent kreisen die Sterne näher, leuchten aus zersprungenen Spiegeln die Tage der Kindheit. Im Advent ist die Lüge barmherziger, das Dunkel lichter, die Liebe größer. Vier Wochen. Im Advent.
Hans K. Wehren

Das größte Wunderding
ist doch der Mensch allein:
Er kann, nach dem er's macht
Gott oder Teufel sein.
Angelus Silesius

Wie lang noch, ihr Betörten, liebt ihr die Betörung, gefällt den frechen Schwätzern ihr Geschwätz und hassen Unverständige Erkenntnis?

Sprüche 1, 22

WIDERSTAND:
Ich will, daß die Welt still sei!
Ich verdamme sie zu Lautlosigkeit,
ertränke Straßen des Geschwätzes,
marternden Lärms, hämmernder Synkopen.
Begrabt die Schreier unter der Sintflut
deckender Ruhe und Gelassenheit.
Knebel vor die kläffenden Schnauzen
der Blablaisten!
Sie füllen die Becher der Zeit
mit der mordenden Droge des Krachs.
Sie töten morgige Generationen.
Wer ist stark genug,
leise zu siegen?

Alfred Müller-Felsenburg

Nach der Kraft gibt es nichts so Hohes als ihre Beherrschung.

Jean Paul

Wie lieblich sind auf den Bergen des Frohboten Füße! Frieden kündet er, bringt frohe Botschaft, Heil kündet er.

Isaias 52, 7

Wir sagen euch an eine heilige Zeit.
Machet dem Herrn die Wege bereit.
So nehmet euch eins um das andere an,
wie auch der Herr an uns getan.
Nun traget eurer Güte Schein
weit in die dunkle Welt hinein.
Gott selber wird kommen, er zögert nicht.
Auf, auf, ihr Herzen, und werdet licht!

Maria Ferschl

… hinter der Wolke,
die meine Sinne verhängt,
wittere ich
den Duft
Deines paradiesischen Urwalds.
Mein Leben lang
gehe ich auf ihn zu.

Alfred Müller-Felsenburg

In Gottes Hand ruht der Erfolg des Menschen.
Jesus Sirach 10, 5

Würdevoll
erhaben
das Antlitz des Menschen
am Lenkrad,
am Automatenschaltbrett,
in der Weltraumkapsel.
Wüßte er's doch:
Ebenbild Gottes,
auch heute!

Norbert Mussbacher

Steine werden Kristalle.
Gedanken werden Gedichte.
Menschen werden Heilige.
Erde wird Himmel.

Norbert Mussbacher

Denn nicht ist ja der Mensch wie Gott, noch gleicht sein Plan dem Plan des Menschen.

Jesus Sirach 17, 30

Der Mensch ist maßlos
in seinem Verlangen nach Gütern,
in seinem Verlangen nach Ehre,
in seinem Verlangen nach Genuß,
in seinem Verlangen nach Schönheit,
in seinem Verlangen nach Freude:
Der Mensch ist für das maßlose Glück
geschaffen.

Norbert Mussbacher

Wie liebenswert ist der Mensch, wenn er wirklich ein Mensch ist.

Menander

Rege dich, rühre dich, stehe auf, Israel!

Isaias 51, 17

In jedem Menschen sind zu jeder Stunde gleichzeitig zwei Begehren mächtig, das eine nach Gott, das andere nach Satan. Der Ruf nach Gott, die Geistigkeit, ist ein Wunsch, emporzusteigen, der nach Satan, der tierische Trieb, in die Lust zu sinken.

Charles Baudelaire

Mensch werden ist eine Kunst.

Novalis

Die Menschen sind, trotz all ihren Mängeln, das Liebenswürdigste, was es gibt.

Johann Wolfgang von Goethe

Du aber, Menschensohn, fürchte dich nicht vor ihnen, und erschrick nicht vor ihren Drohworten … und vor ihrem Angesicht ängstige dich nicht.

Ezechiel 2, 6

Wie glücklich sind die Kinder Gottes, die sich ganz auf seine Vorsehung verlassen. Ihnen kann nichts geschehen, was nicht zu ihrem Besten wäre.

Johanna Franziska von Chantal

Du gütiger und allmächtiger Gott. Für jeden einzelnen von uns sorgst du, als sorgtest du für ihn allein, und für alle, als wären sie nur einer.

Augustinus

Kümmern und sorgen wir uns um die, denen alles fehlt, an die niemand denkt. Laßt uns denen Freunde sein, die keine haben.

Charles de Foucauld

Hilf, Herr meines Lebens,
daß ich nicht vergebens hier auf Erden bin.
Hilf, Herr meiner Tage,
daß ich nie zur Plage meinem Nächsten bin.
Hilf, Herr meiner Seele,
daß ich niemals fehle, wo ich nötig bin.

Gustav Lohmann

Menschensohn, auf, geh zum Hause Israel und rede mit meinen Worten zu ihnen!

Ezechiel 3, 4

Traure doch nicht so im Dunkeln,
Siehst du mich nicht oben funkeln,
Mich, nein dich, dich rings im Raum?
Laß uns doch auf allen Erden
Das wir sind, das Eine werden,
Unsre Menschheit unter uns als Traum.

Christian Morgenstern

Du kamst, du gingst mit leiser Spur,
ein flücht'ger Gast im Erdenland.
Woher? Wohin? Wir wissen nur:
Aus Gottes Hand in Gottes Hand.

Ludwig Uhland

Menschensohn, alle meine Worte, die ich zu dir rede, erfasse in deinem Sinn; und vernimm sie mit deinen Ohren!

Ezechiel 3, 10

Indem der Mensch bewußt in christlicher Entschlossenheit sich dem Himmel öffnet, arbeitet er an der Erschaffung der Welt. Der Himmel wird für die anderen, für jene, die wir lieben, in uns und durch uns entstehen. Unser einsames Ringen um Gott hier auf Erden hat eine ewige Bedeutung.
Unser individuelles Schicksal des Gottsuchens in einer dem Leid geweihten Welt ist eine Arbeit für jene, die wir lieben, ja für die ganze Menschheit, ja darüber hinaus für das Universum.

Ladislaus Boros

Wir wollen zur Kraft und zur Mitte unseres Lebens sagen:
Du bist da.
Du bist der Herr meines Glaubens.
Du bist meine Kraft und meine Seligkeit.
Du bist die Weihnacht in dem lebendigen Advent
meines Daseins.

Karl Rahner

Die erste Liebespflicht ist das Zuhören.

Paul Tillich

Die Herrlichkeit des Herrn erhob sich mitten aus der Stadt.

Ezechiel 11, 23

Komm, du Heiland aller Welt,
Sohn der Jungfrau, mach' dich kund.
Darob staune, was da lebt:
Also will Gott werden Mensch.
Nicht nach eines Menschen Sinn,
sondern durch des Geistes Hauch,
kommt das Wort in unser Fleisch
und erblüht aus Mutterschoß.

Ambrosius

Ich stand in der Wüste,
wartete auf dich – vergeblich!
Ich stand am Brunnen,
wartete auf dich – vergeblich!
Ich stand am Tor,
wartete auf dich – vergeblich!
Ich fragte jeden nach dir: vergeblich!
Hörte auf jeden Laut: vergeblich!
Blickte auf alle und jeden: vergeblich!
Dann begriff ich:
daß du in allem und jedem warst und bist und
zu mir kamst.
Blinder, tauber, lahmer Bettler: ich!

Alfred Müller-Felsenburg

Laß dein Angesicht leuchten, daß uns Heil widerfahre.
Psalm 80, 4

Um Himmelswillen
gebt die Erde nicht auf –
der Himmel begann
seinen irdischen Lauf.
Um Gotteswillen
habt auf das Menschliche acht –
Gott ist der Mensch
der uns menschlicher macht.

Siegfried Macht

In der Tatsache des menschgewordenen Christus vollendet sich das große Geheimnis der Liebe, das der zu uns herabgestiegene Gottessohn plante. Er enthüllt sein Geheimnis als kleines Kind in Bethlehem, im Opfer am Kreuz und schließlich in der Eroberung der Welt gemäß dem Auftrag, den er den Seinen gab: Lehret alle Völker.
Papst Johannes XXIII.

Der Herr, mein Gott, wird kommen und alle Heiligen mit ihm.

Sacharja 15, 5 b

Dreierlei Geburt feiert die heilige Christenheit. Die erste und oberste Geburt ist, daß der himmlische Vater gebiert seinen eigeborenen Sohn in göttlicher Wesenheit, in persönlichem Unterschied. Die andere Geburt ist das mütterliche Gebären, das geschah aus der Jungfrau in rechter Lauterkeit. Die dritte Geburt ist, daß Gott alle Tage und alle Stunden wird wahrlich, geistlich geboren in einer guten Seele, mit Gnade und Liebe.

Johannes Tauler

O Aufgang, Glanz des ewigen Lichtes,
du Sonne der Gerechtigkeit.
Komm, o Herr, und erleuchte uns, die wir sitzen
in Finsternis und Schatten des Todes.

Antiphon-Stundengebet

Macht hoch die Tür,
die Tor macht weit,
es kommt der Herr der Herrlichkeit.

Georg Weißel

Die Erde tue sich auf; und es erblühe das Heil!

Isaias 45, 8

Ach, der Himmel über mir
will die Erde nie berühren,
und das Dort ist niemals hier.

Friedrich von Schiller

Hoffnung ist der Anker der Welt.

Bantuweisheit

Wer will mir den Himmel rauben,
Den mir schon Gottes Sohn
Beigelegt im Glauben?

Paul Gerhardt

Ohne den Himmel erfährst du,
O Sterblicher, weder des Segens,
Weder des Fluchs!

Euripides

Ja, offenbar wird die Herrlichkeit des Herrn; und alles Fleisch wird sie schauen.

Isaias 40, 5

Da die unermeßlichen Güter Gottes nur von leeren Herzen aufgenommen werden können, will der Herr dich ganz einsam sehen – aus inniger Liebe zu dir –, und Er wünscht, dein einziger Gefährte zu sein.

Johannes vom Kreuz

Sind wir nicht zur Herrlichkeit geboren?

Alexander Wollheim

O Immanuel, Gott mit uns.
Du König und Lehrer,
du Sehnsucht der Völker
und ihr Heiland.
Komm, o Herr,
und erlöse uns, Herr,
unser Gott.

Antiphon-Stundengebet

Denn ein Kind wird uns geboren. Ein Sohn wird uns geschenkt, auf dessen Schultern die Herrschaft ruht. Man nennt ihn Wunderrat, Gottheld, Ewigvater, Friedensfürst.

Isaias 9, 5

Dadurch, daß der Sohn Gottes wirklich Mensch wurde, ist jede menschliche Person ein Wesen mit grenzenloser Würde geworden.

Holländischer Katechismus

Gott wurde wirklich Mensch, um uns göttlich zu machen. Der Mensch ist daran beteiligt.

Holländischer Katechismus

Während sie dort waren, geschah es, daß sich die Tage erfüllten, da sie gebären sollte, und sie gebar ihren Sohn, den Erstgeborenen, hüllte ihn in Windeln und legte ihn in eine Krippe, weil nicht Platz für sie war in der Herberge.

Lukas 2, 6 .7

Darin wurde die Liebe Gottes unter uns sichtbar, daß Gott seinen eingeborenen Sohn in die Welt sandte, daß wir leben durch ihn.

1 Johannes 4, 9

Gott kommt nicht als eine Allgewalt, um die Freiheit des Menschen auszulöschen, sondern als eine unsagbar zärtliche Liebe in der Hoffnung auf eine freie Erwiderung.

Kardinal Léon-Joseph Suenens

Als der Herr aus der Jungfrau geboren war,
erklang die Stimme der Engel:
Ehre sei Gott in der Höhe
und auf Erden Friede
den Menschen seiner Gnade.
Denn woher kommt der Friede auf Erden,
wenn nicht durch Christus,
der geboren wurde?
„Denn er selbst ist unser Friede."

Augustinus

Wir sind aus Gott; wer Gott erkennt, hört auf uns.

1 Johannes 4, 6

Ein Kind ist uns geboren,
ein Sohn ist uns geschenkt;
auf seinen Schultern ruht das Reich.

„Gotteslob" Nr. 148, 1

Der barmherzige Gott, hat durch die Geburt seines Sohnes die Finsternis vertrieben und uns erleuchtet mit dem Glanz seines Lichtes; er mache uns hell mit dem Licht seiner Gnade.
Den Hirten ließ er durch den Engel die große Freude verkünden; mit dieser Freude erfülle er unser ganzes Leben.

Meßbuch

Geliebte, laßt uns einander lieben; denn die Liebe ist aus Gott; und jeder, der liebt, ist aus Gott geboren und erkennt Gott. Wer nicht liebt, hat Gott nicht erkannt; denn Gott ist die Liebe.

1 Johannes 4, 7–8

O Seele, suche dich in Mir,
und, Seele, suche Mich in dir.
Die Liebe hat in meinem Wesen
dich abgebildet treu und klar;
kein Maler läßt so wunderbar,
o Seele, deine Züge lesen ...
Hat doch die Liebe dich erkoren
als meines Herzens schönste Zier;
bist du verirrt, bist du verloren,
o Seele, suche dich in Mir.
In meines Herzens Tiefe trage
Ich dein Porträt, so echt gemalt;
sähst du, wie es vor Leben strahlt,
verstummte jede bange Frage.

Teresa von Avila

Das wesentliche Licht
muß in dir sein ein eigen,
wenn sich sein Abglanz soll
in tausend Spiegeln zeigen.

Friedrich Rückert

Eine Stimme wurde gehört zu Rama, viel Weinen und Wehklagen. Rahel beweint ihre Kinder und will sich nicht trösten lassen, da sie nicht mehr sind.

Matthäus 2, 18

Die Natur erschauderte und sprach erstaunt:
Was ist das für ein neues Mysterium?
Der Richter wird gerichtet
und verhält sich ruhig,
der Unsichtbare wird geschaut
und schämt sich nicht,
der Unfaßbare wird erfaßt
und entrüstet sich nicht,
der Unmeßbare wird gemessen
und widerstrebt nicht,
der Leidlose leidet und rächt sich nicht,
der Unsterbliche stirbt
und weigert sich nicht.
was ist das für ein neues Mysterium?

Meliton von Sardes

Gib mir Gelassenheit,
das hinzunehmen, was nicht zu ändern ist.
Gib mir den Mut,
das zu ändern, was zu ändern ist.
Gib mir die Einsicht,
dies beides voneinander zu unterscheiden.

Reinhold Niebuhr

Leben wir aber im Licht, wie er auch im Licht ist, haben wir Gemeinschaft untereinander.

1 Johannes 1, 7

Herr,
mache uns würdig deines Friedens,
ungeachtet unserer Armseligkeit.
Laß uns eins sein ohne Verstellung,
Heuchelei und eitle Interessen.
Laß uns geeint sein durch das Band
deines Friedens und deiner Liebe.
Festige unsere Einheit
mit der Gegenwart deines Geistes,
damit wir der Welt Zeugen für den Frieden sein können,
den nur du gibst.
Denn du bist der Gott des Friedens,
der Liebe, der Versöhnung,
der Barmherzigkeit,
jetzt und allezeit
und in Ewigkeit.
Amen.

Gebet der Gemeinschaft von S. Egidio

Denn das ist die Botschaft, die ihr von Anfang an vernommen habt: Wir sollen einander lieben!

1 Johannes 3, 11

Leben ist nur dort, wo Göttliches gegenwärtig ist.

Ernst Jünger

Alles besiegt die Liebe.

Vergil

Die Liebe trägt die Seele, wie die Füße den Leib tragen.

Hl. Katharina von Siena

Gott ist nahe, wo Menschen einander Liebe zeigen.

Johann Heinrich Pestalozzi

Ihn muß der Himmel aufnehmen bis zu den Zeiten der allgemeinen Wiederherstellung, wovon Gott gesprochen hat durch den Mund seiner heiligen Propheten von alters her.

Apostelgeschichte 3, 21

Ein Jahr ist nichts, wenn man's verputzt,
ein Jahr ist viel, wenn man es nutzt.
Ein Jahr ist nichts, wenn man's verflacht,
ein Jahr war viel, wenn man es ganz durchdacht.
Ein Jahr war viel, wenn man es ganz gelebt,
in eigenem Sinn genossen und gestrebt.
Das Jahr war nichts, bei aller Freude tot,
das uns im Innern nicht ein Neues bot.
Das Jahr war viel, in allem Leide reich,
das uns getroffen mit des Geistes Streich.
Ein leeres Jahr war kurz, ein volles lang:
nur nach dem Vollen mißt des Lebens Gang.
Ein leeres Jahr ist Wahn, ein volles wahr.
Sei jedem voll dies gute, neue Jahr!

H. v. Gumppenberg

Wem Zeit wie Ewigkeit und Ewigkeit wie Zeit, der ist befreit von allem Leid.

Jakob Böhme